現代版

社会人のための精神保健福祉士（PSW）

あなたがソーシャルワークを
学ぶことへの誘《いざな》い

青木聖久
田中和彦
【編著】

学 文 社

はしがき

社会人は、これまでの人生のなかで、多くのストレングス（強みや長所）を保有している。それらを活かせば、本物のソーシャルワーカーたる精神保健福祉士になり得る大いなる可能性を秘めている。ただし、そのことを実現するためには、誠実な学びを積み重ねると共に、精神保健福祉の課題のある本人や家族に対して、真摯《しんし》に取り組むことが必要となろう。では、そのために、どのようにすればよいのか。その問いに答えるため、私たちは本書を刊行した。

前述が本書を出版するためのコンセプトです。これまでの間、二〇〇七年一一月に『社会人のための精神保健福祉士』を出版してから、第2版、第3版と改訂を重ね、二〇一四年五月には『新 社会人のための精神保健福祉士』を出版しました。そして、それから約六年後のいま、本書の出版に至っています。なんと、一二年以上の間、このシリーズは成長を遂げながら、版を重ねているのです。
本が改訂を重ねているということは、すなわち、社会に一定のニーズがあることを意味します。そのようなことから、以下では、社会人が精神保健福祉士になるということが、いかに社会から、そして、読者のあなたにとって意義があるかについて論じることにします。

社会人学生は学びに対して貪欲《どんよく》な人たち

本書には、二つのキーワードがあります。一つ目は社会人。二つ目は精神保健福祉士。この二つのキーワード、そして、両者の良好なつながりこそが、私たちが本書で読者の皆さんに伝えたいことなのです。

二〇〇六年四月に、私は日本福祉大学福祉経営学部（通信教育）に赴任しました。なお、本学部の九九％は社会人学生です。正直に打ち明ければ、私は赴任する前、社会人は人生経験の豊富さゆえ、冷めている部分のある人が多いのでは、という先入観を抱いていたのです。すみません、もちろん今は微塵《みじん》もそんなことは思っていません。

話を戻します。そのような考えのなか、私は恐る恐る最初のスクーリング授業にのぞんだのです。すると、そこには予想に反し、生き生きと目を輝かせた社会人学生の姿がありました。席は前から埋まるし、私語はなく、学びに対しては貪欲な人たち。とはいえ、休憩時間に話をすると、驚くほどの社会人経験を積んでいる多忙な人たちばかりでした。

その時に思ったことを、私は忘れることができません。それは、忙しい人ほど、社会の不条理等を看過できず、そのことを学びの動機として、昇華《しょうか》させているのだ、と。

「社会人」と「精神保健福祉士」の二つのキーワードがつながったとき

一方で、精神保健福祉士は魅力的なしごとであり、私の人生そのものといっても過言ではありません。でも量的には、精神保健福祉士が不足しています。また、質的な視点からいえば、精神保健福祉士は、磨《みが》けば磨《みが》くほど輝きを増すし、掘れば掘るほど奥行きの深さから、新境地《しんきょうち》にたどり着くことができるしごとです。

そのようなことからも、先ほどの「社会人」と「精神保健福祉士」の二つのキーワードがしっかりとつながった時、と想像するだけで、私はワクワクするのです。社会人経験のある人たちが、真摯《しんし》に学びを積み重ねれば、素敵な精神保健福祉士になるに違いない、と。

私たちは、このことをたくさんの人たちに伝えたいと考え、仲間の教員や現場の精神保健福祉士、そして、学文社の田中社長とで相談を重ね、シリーズの第一作目を作ったのです。

そのようななか、シリーズ第三作目となる本書では、精神保健福祉士養成教員として、さらには、アディクション（依存症等）分野の研究者として活躍している田中和彦先生との共編で制作しています。

「ＰＳＷになりたい」

ほかでもない「私」が精神保健福祉士になるまでのことを、紹介します。それは一九八七（昭和六二）年、大学四年生の時にさかのぼります。精神科病院に付設されているデイケア（在宅生活をしている精神障害者が利用するところ）で一ヵ月間アルバイトをする機会を得たのです。すると、そこは、人間味のある人たちで溢《あふ》れていました。でも大学生の私には、その当時、その人たちがもつ生きづらさ等について、到底理解するところまでは至っていません。よくわからないけど、私は肌感覚として「この方々にかかわるしごとをしたい」と思ったのです。それが、ＰＳＷでした。なお、国家資格として精神保健福祉士法が誕生したのが一九九七年ですが、その前より、「ＰＳＷ」「精神科ソーシャルワーカー」「精神医学ソーシャルワーカー」等という名称で、今日の精神保健福祉士の実践をしていた人たちはすでにたくさんいたのです。ちなみに、ＰＳＷは、Psychiatric Social Worker（サイキアトリック・ソーシャル・ワーカー）の頭文字をとった略称が起源だとされていますが、精神保健福祉士の略称として、今もなお使われています。詳しくは、第二章を参照してください。

そんな私は、一九八八（昭和六三）年より、岡山県にある精神科病院でＰＳＷとして実践を始めました。そして、勤務初日、担当病棟になった看護詰所に、「青木ＰＳＷ」という札を見つけたときの感動を、未だに忘れることができません。

人は今おかれている現状を正当化しようとする

精神科病院では、病状が安定しているのに、帰る場をなくし、長期入院に至っている人が少なくありません。そのような状況にありながらも、精一杯の笑顔で、「ここ（病院）は、職員さんは優しいし、食事が美味しいから、ずっといたい」という人がいました。でも、そのように話す姿はどこか寂しそうで、とても本心だとは思えませんでした。そうです。誰だって、本当は地域社会で生き生きと暮らしたい。でも、人は今おかれている現状を正当化しようとして、肯定的な話をされるものなのです。実際、話が進むと、その大半の内容が、地域で暮らしていた当時のエピソードで占められていました。

また本人の入院が決まると、ＰＳＷである私と本人の家族は、今後のことで話をすることになっていたのですが、多くの方が泣いておられました。もちろん、家族のかかわり方によって、本人が精神疾患を発症するものではありません。そのことを医師から説明されて頭でわかりながらも、家族は自責の念にかられていたりするのです。

生涯を通じて五人に一人は精神疾患にかかる

その後、私は精神科病院を退職して、かねてより立ち上げていたＮＰＯ団体で運営する小規模作業所の精神保健福祉士（所長）として、普及啓発活動に取り組みました。すると、地域では精神障害をもちながらも、誰にもつながらず息を潜《ひそ》めて暮らしている人たちが少なくないことを知ったのです。誰も、好き好んで精神障害をもつ人はいない。なのに、です。

では、実際のところ、精神疾患をもつことは特別なことなのでしょうか。国は二〇〇四年に「こころのバリアフリー宣言」を発表しました。そこには、「精神疾患は、糖尿病や高血圧と同じで誰もがかかる可能性があります。二人に一人は過去一ヵ月間にストレスを感じていて、生涯を通じて五人に一人は精神疾患にかかるといわれています」と記されているのです。このように、もはや精神疾患に罹患《りかん》することは、誰にも起こり得ることなのです。

とはいえ、当事者として、精神障害をもったり、その家族の立場になってしまうと、現状を認め、等身大で生きていくことは簡単ではないのです。そこには、相談できる人や場、あるいは、それらのことを受けとめ、つなぐ人が求められるのです。

社会人経験を精神保健福祉士として活かす

私は、そのような役割を担う専門職が、精神保健福祉士だと確信しています。精神障害者及び家族が、表明しづらいような思いにも慮《おもんぱか》れることにこそ、社会人経験の豊富な皆さんのストレングスが活かされるのです。

そして今日、精神保健福祉の課題は、多岐《たき》にわたっています。その一つとして、かねてより、「気になる子」等として捉えられていた発達障害については、二〇〇四年に「発達障害者支援法」が成立しました。さらに、「障害者基本法」の二〇一一年の改正において、「精神障害（発達障害を含む。）」と明記されるに至っています。ちなみに、障害者基本法とは、大木《たいぼく》にたとえれば、幹の部分に相当します。

さまざまな障害者関連法の基幹《きかん》として位置づく障害者基本法は、一九九三年には、従来の身体・知的障害の二障害から精神障害が加わることで三障害となり、さらに、二〇一一年に「発達障害」が、精神障害のなかに含まれることになったのです。同様に高次脳機能障害についても、精神障害のなかに含むという解釈が、二〇一一年より示されるようになりました。

加えて、精神保健福祉の課題には、メンタルヘルス、ひきこもり支援、アルコールや薬物依存症のある人の支援、認知症高齢者の支援、自殺対策をはじめ、より広がりを見せているのです。

一度きりの人生をどうせなら

このように、多様な精神保健福祉の課題が社会には山積みです。そこに、社会人経験のある皆さんの力を活かしていただけることを、私は願っています。

迷っているあなたにいいます。人生は一度きりです。一度きりの人生をどうせなら、自分にとって、他者にとって、そして、社会にとって、やりがいのある活動をしようではありませんか。皆さんがこれからの人生において、精神保健福祉士というしごとを選んでいただき、実践を通して、一度きりの人生を有意義に感じていただくことができたとすれば、こんなに嬉しいことはございません。

本書の構成内容

これらのことを念頭におき、本書では以下のような構成にしています。

まず、第一章は「精神保健福祉士が対象とする人」というタイトルで、疾患や障害の説明に終始せず、精神障害のある本人を地域で暮らす生活者として捉え、論述します。また、精神障害のある人の家族についても、「もうひとりの当事者」ということで取り上げていきます。精神保健福祉士を目指す人にとっては、主人公理解の基盤となる章として、ご理解いただければと思います。

第二章は、「ソーシャルワーカーとしての精神保健福祉士」というタイトルで、特に、ソーシャルワーカーとは何かについて迫ります。本来、精神保健福祉士が拠所《よりどころ》とするソーシャルワーカーとはどのようなものであり、なにゆえ、ソーシャルワークが必要とされているのかについて論じます。本書全体から見ると、第一章と第二章が、総論としての位置づけになります。

そして、第三章から各論として、具体的な中身に入っていきます。第三章は、「精神保健福祉士の活躍の現場」というタイトルで、現場で実践している精神保健福祉士が執筆いたします。ここでは、単に現場の紹介に終始せず、個々の精神保健福祉士がこれまでの実践のなかで心に残っているエピソードや専門職として揺さぶられた思い、さらには、譲れない部分等についても、おのおのの精神保健福祉士自身の言葉で論じます。なお、第三章では、「医療・地域・広がる精神保健福祉分野」というように、三つの節に分けています。

第四章は、「社会人学生として精神保健福祉士を目指す」というタイトルで、社会人学生が精神保健福祉士を目指す意味、そして、そのことの個人及び社会レベルでの意義について論じます。まず、読者の皆さんが実際に精神保健福祉士を目指すにあたって、必要となる精神保健福祉士法に基づく規定等を説明します。また、そのなかで大きな部分を占めることになる実習についてもお伝えするものです。その際、執筆は、実際に社会人学生の実習教育に携わっている精神保健福祉士（教員）が担当いたします。そのことから、エピソード等をはじめ、これまでの経験を踏まえながら論じることにいたします。

第五章は、「精神保健福祉士としてスタートを切ったあと」というタイトルで、精神保健福祉士の育成に迫ります。私たちが学生に対して精神保健福祉士になるための教育をする際、「養成」という言葉を用います。これに対して、すでに精神保健福祉士になっている人が資質の向上等に取り組むことを「育成」といいます。いうまでもなく、精神保健福祉士の国家資格を得ることは、通行手形の取得にすぎません。そのようなことからも、ここでは精神保健福祉士の国家資格を得て、専門職となってからの研修、あるいは研修システムについて論じます。執筆者は、精神保健福祉士の職能団体である「日本精神保健福祉士協会」において、研修やスーパービジョンに携わっている方々です。

第六章は、「社会人である私がソーシャルワークを学ぶ意味」というタイトルで、実際に社会人経験を踏まえ、精神保健福祉士になった方が論じます。冒頭でも論じましたように、社会人経験は、ストレングスとして売りになる一方で、この部分のみを前面に押し出しすぎると、せっかくの強みや長所が活かされません。そのようなことを、執筆者には自身の体験を通して、これから精神保健福祉士を目指す方々に語りかけてもらいます。

加えて本書には、各章の間にコラムを設けました。ここでは、ベテランの精神保健福祉士、主人公たる精神障害のある本人や家族から、「これから精神保健福祉士を目指す人に期待すること、メッセージ」というタイトルで、忘れられないエピソード等を論じます。

本書の読みすすめ方

読者の皆さんには、本書を最初から順番に読んでいただくと、より頭の整理をしながら理解できることになるでしょう。ただし、精神保健福祉士のやりがいや、社会から求められている事柄に対して疑心《ぎしん》暗鬼《あんき》で読み進めてしまうと、今ひとつ自身の心には残りません。

そのような方は、「はじめに」の後、まずはすべてのコラム、そして、「おわりに」を読んでください。そのことによって、精神保健福祉士のイメージが膨《ふく》らみます。また、気持ちが揺さぶられるような感覚を抱くこともできるでしょう。そのうえで、興味のある章から順番に読み進めていただければと思います。

「しょうがい」という言葉

なお、本書では、「障害」が法律用語になっていることを踏まえ、精神障害者の現実を直視する意味からも、基本的に、「障害」という言葉を使用します。ですが、この言葉を使うことについては、葛藤があるのです。なぜなら、障害の害の字が、人に対して、マイナス的な印象を与えかねないから。そのようなことから、「しょうがい」については、現在、「障碍《しょうがい》」「障《しょう》がい」等、さまざまな表現方法があることを知っていただければと思います。このことについては、第一章で論じることにします。

著者の思い入れを優先した用語の使い方

次に、用語の使い方についてお伝えさせていただきます。本書は、多くの執筆陣から構成されています。私たちは、その執筆陣の、熱くもあり、やさしい思いを前面に出したいと考えました。そこで、各執筆者には普段の表現で、生き生きとした文章を書いてもらうことにしたのです。ゆえに、本書では著者の思い入れを優先した用語の使い方をしてもらっています。

そのことから、本書に度々出てくる「精神障害者」について、「精神障害のある人」、あるいは、「利用者」「当事者」「クライエント」等と表現している執筆者もいます。

また、本書において、生命線とも言える用語の「精神保健福祉士」「ソーシャルワーカー」についてです。精神保健福祉士法は一九九七年に成立。その国家試験合格者が登録をすることによって、初めて精神保健福祉士と名乗ることが許されます。一方で、資格成立の前から「ＰＳＷ」や「精神科ソーシャルワーカー」等の名称を用いて、実践をしていた人たちはたくさんいるのです。そこで、本書では基本的に精神保健福祉士の国家資格成立前には「ＰＳＷ」と称し、国家資格の成立後には「精神保健福祉士」と称することにします。ただし、国家資格の成立後についても、「ＰＳＷという名称にこだわりたい」という声も少なくありません。また、精神保健福祉士の略称がＰＳＷとされることからも、日常的に現場では、ＰＳＷの名称が使われていたりします。したがって、本書には、ＰＳＷと精神保健福祉士という用語が、混在していることをお断りしておきたいと思います。

ソーシャルワーカーとしての精神保健福祉士

そして、私たちが大切にし、かつ、こだわり続けたいのが次のことです。「本物の精神保健福祉士」、あるいは、「真のＰＳＷ」等ということを表現する時、私は「ソーシャルワーカーとしての精神保健福祉士」、「ソーシャルワーカーであるＰＳＷ」等と言うことがあります。また、きちんとソーシャルワーク実践を展開する社会福祉専門職に対して、あえて、「ソーシャルワーカー」という用語を使いたくなります。そのことからも、本書において、各執筆者の判断のもと、「ソーシャルワーカー」という用語を使っている場合があることもご理解ください。

追体験《ついたいけん》をすることによって景色の見え方が変化する

私は、国家資格ができる前の時代のＰＳＷとしてと、精神保健福祉士としてとを通算すると、三二年のキャリアになります。そんな私が「一つだけ精神保健福祉士の魅力を述べよ」と問われたならば、「追体験できることが魅力です」と答えます。

人が、社会において直接体験できることなど、たかだかしれています。ところが、精神保健福祉士として誠実に実践をすることによって、さまざまな他者の人生と出会うことができるのです。とりわけ、精神障害者や家族の人生をわがことのように捉えることによって、さも自らが体験したかのように。そのことによって、これまでと同じはずの景色に対して、見え方が変化するのです。加えて、人の魅力、さらには、人と人とが織りなす無限の可能性についても知ることができます。それらのことを繰り返すなかで、気づけば自らがちょっぴり成長できるのです。
ぜひ、読者の皆さんが本書を通して、まずは精神保健福祉士に関心をもっていただき、願わくば、精神保健福祉士として、これからの人生を歩んでいただければ幸いです…。

二〇一九年一二月

青木　聖久

目次

Ⅱ　職能団体が果たす研鑽体系……204

Ⅲ　精神保健福祉士の成長におけるスーパービジョンの必要性……215

第一章　精神保健福祉士が対象とする人

Ⅰ　精神疾患と精神障害

1　見た目と経験則《けいけんそく》

私たちは人と出会い、その人を理解しようとする場合、見た目で判断することが少なくありません。たとえば、偶然旅先で出会った佐藤さん（仮名、男性、三〇歳代）は、精神障害があることを話してくれました。佐藤さんは普段家に居ることが多く、「人と話をするのは週に一回、医療機関に通院した時だけ」というのです。でも、佐藤さんは、服装はおしゃれで、話しぶりも快活。おまけに、学歴を聞くと、有名大学を卒業している、と。すると、「なぜ」と疑問がわき、「精神障害があるといっていたけど、見た目には何も不自由なことがないように思えるんだけど」となるのです。

振り返ると、私たちは知らず知らずのうちに、身体的な状況、服装や表情、学歴等から、人の評価をしがちになってしまいます。それは、自分自身が、これまで生きてきたなかで身につけた経験則から生じたものともいえるでしょう。

もちろん、経験則を有することは悪いことではありません。社会人経験のある人は、そのことを大いに活かしてほしいのです。とはいえ、以下の二つのことを、これから精神保健福祉士を目指す人には知ってもらえればと思います。

一つ目は、人は他者を理解しようとする際、見た目と経験則で理解しようとする傾向にある、ということ。また、自分がこれまで生きてきたなかで、偶然に出会った、あるいは、学んだこと等の経験則にすべてを引き寄せてしまうと、偏見につながる危険性がある、ということ。なので、考え方の参考にはなるけれども、それは絶対的なものではない、ということを自覚することが大切だといえます。では、どのようにすればいいのでしょうか。それが二つ目です。

二つ目は、他者を理解しようとするなかでわからないことがあれば、「すみません、よければ教えてください」と素直に聞くことです。そのためには勇気も必要ですし、聞ける状況にあるかを確認することも必要でしょう。でも、憶測で偏見を生じさせるのではなく、敬意を払い、目の前の人から話を伺うことは基本です。

これらのことを前提にしつつ、これから、精神疾患及び精神障害の具体的な中身に迫っていくことにします。

その前に、「はじめに」で少し触れましたように、ここで「障害」について、少し説明をします。「しょうがい」という文字は、「障礙《しょうげ》」という仏教語が由来です。それが明治期になると、「障碍《しょうがい》」と読まれるようになりました。言葉の意味としては、障も碍も、差《さ》し障《さわ》りがある、という意味。ところが、法律用語として用いられている害は不便というより、不幸を連想させることから、害をひらがなにする用例が多いのです。にもかかわらず、日本ではなぜ「障害」という漢字が用いられているのでしょうか。それは、一九四六（昭和二一）年の当用漢字表において、「碍」の字が消え、その当て字として用いられたのが「害」とされているから。[1] そのようなことから、読者の皆さんには、しょうがいを、差し障り、つまり、暮らしにいかなる制限があるのかを表す言葉、として捉えてもらえればと思います。

2　精神疾患及び精神障害の法的定義

日本において、精神疾患及び精神障害について規定している法律として、一番に挙げられるのは「精神保健及び精神障害者福祉に関する法律」。略して、「精神保健福祉法」と呼ばれるものです。次に、障害のある人全体を対象としており、障害者に関するさまざまな法律の基幹となる法律が「障害者基本法」。以下は、この二つの法律から、三つの条文を用いて、精神疾患及び精神障害について整理をすることにします。なお、波線及び点線は筆者が加筆したものです。

(1)　精神保健福祉法第一条（この法律の目的）

この法律は、精神障害者の医療及び保護を行い、障害者の日常生活及び社会生活を総合的に支援するための法律と相まってその社会復帰の促進及びその自立と社会経済活動への参加の促進のために必要な援助を行い、並びにその発生の予防その他国民の精神的健康の保持及び増進に努めることによつて、精神障害者の福祉の増進及び国民の精神保健の向上を図ることを目的とする。

(2) 精神保健福祉法第五条（定義）

この法律で「精神障害者」とは、統合失調症、精神作用物質による急性中毒又はその依存症、知的障害、精神病質その他の精神疾患を有する者をいう。

(3) 障害者基本法第二条一号（定義）

障害者　身体障害、知的障害、精神障害（発達障害を含む。）その他の心身の機能の障害がある者であつて、障害及び社会的障壁により継続的に日常生活又は社会生活に相当な制限を受ける状態にあるものをいう。

上記の三つの条文の関係を示したものが図表1－1となりますので、まずはご覧ください。
まず、(1)の精神保健福祉法第一条を見てください。波線を引いている部分は、現に精神疾患を有している人が、精神科医療を適切に受け、地域において自立した生活を送るために福祉的支援を受ける、と解釈することができます。加えて、(1)では、もっと大きな層の対象者を規定しています。それが、点線を引いている部分です。なんと、国民全員を対象にしています。それは、国民誰もが、精神疾患を負うことのないようにと予防を謳《うた》っているのです。そのためにも、精神的な健康、つまり、メンタルヘルスに努め、かつ、向上することを目指すべきだ、といっています。これは、図表1－1の①の部分に位置付き、日本の人口約一億二六〇〇万人が、精神保健福祉法の対象者であることを意味します。(2)

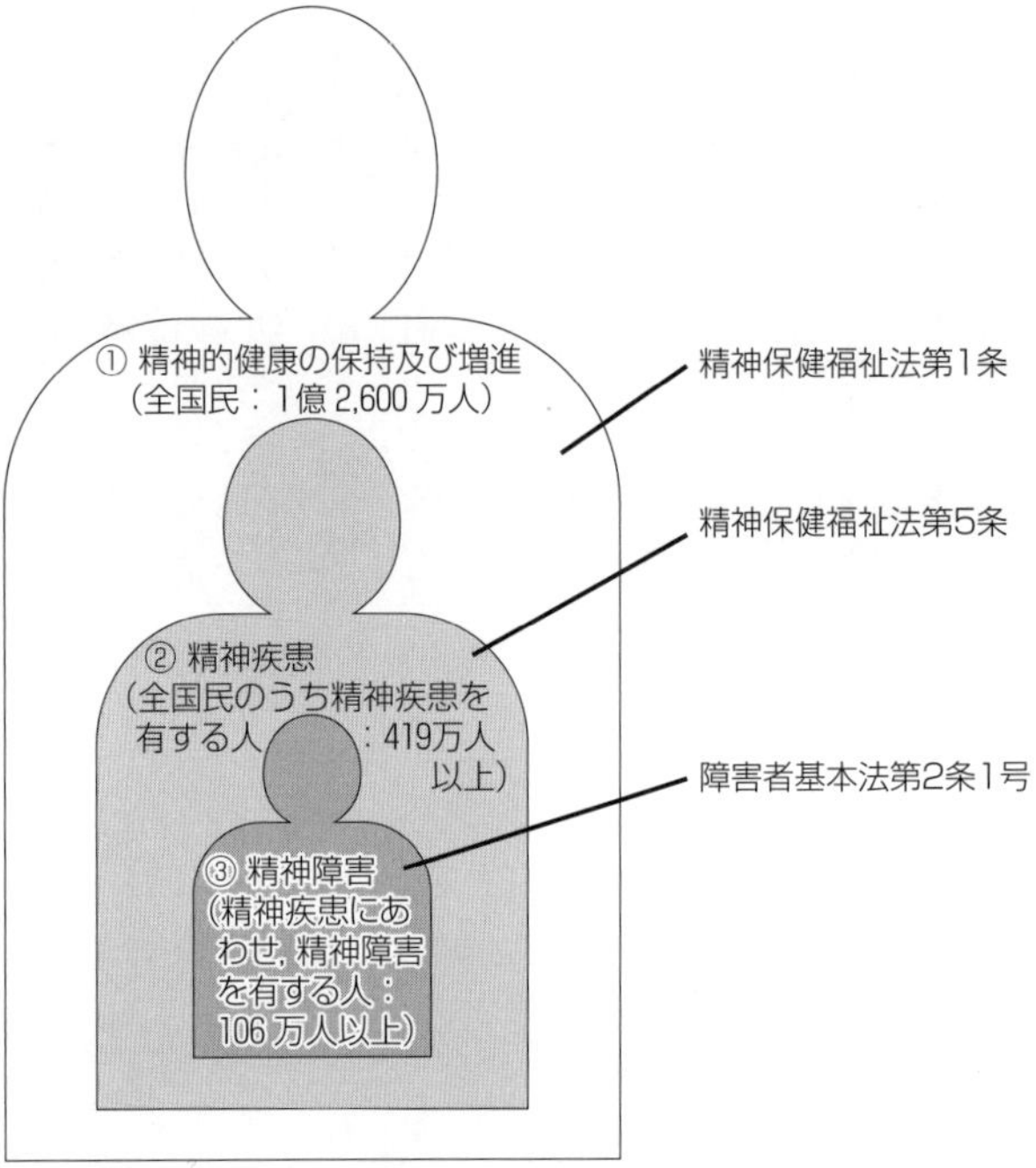

図表１－１　精神疾患及び精神障害の位置関係

出所：青木聖久・杉本浩章編『新 社会人のための精神保健福祉士』学文社，2014，27頁を一部加筆修正

続いて、⑵の精神保健福祉法第五条では、波線を見るとわかるように、現に何らかの精神疾患を有していることをもって、精神障害者である、と規定しているのです。つまり、精神保健福祉法における「精神障害者」は、精神科医療の対象であれば、福祉的な課題等の有無は特段問われません。もっと具体的にいえば、精神科に通院、あるいは、入院していることをもって、精神障害者だといっているのです。この規定は、おそらく読者の皆さんにとっては、違和

感を覚えることでしょう。納得はいかないかもしれませんが、いったんおさめてください。これは、図表1－1の②の部分に位置付きます。ちなみに、厚生労働省が三年に一回調査をしている『患者調査』によると、二〇一七年の精神障害者数（精神疾患を有している人）は約四一九万人となっています[3]。ただし、実際には、未だに精神科医療につながっていない人もいるのです。なので、四一九万人以上が図表1－1の②の部分に入ることになります。

それに対して、(3)の障害者基本法第二条一号は、波線にあるように、精神疾患や精神障害そのものによる日常生活の制限、さらには、そこから派生する社会との障壁《しょうへき》による、さまざまな社会場面への機会の喪失等を指しています。そして、それらのことによって、生活の支障が継続的に生じている人を障害者だといっているのです。きっと、この規定が読者の皆さんにとって、「障害者とは」と事前にイメージしていたものと、最も合致するのではないでしょうか。図表1－1の②と異なり、福祉的支援の必要な人が対象となります。二〇一八年度における、精神障害者保健福祉手帳（以下、手帳）の保持者が約一〇六万人となっていますので、ここには、一〇六万人という数値を入れたいところです[4]。ところが、です。手帳は、精神障害のある人が自ら希望して申請するものですが、なかには、「手帳は、社会的に精神障害者だと烙印《らくいん》を押されるように感じるので、申請したくありません」という人もいるのです。また、手帳の存在を知らない人もいるでしょう。そのことから図表1－1の③の範囲に入る人は、一〇六万人以上とします。

このように、「精神障害者」といっても、法律によって規定の仕方は、多様であることがわかります。そのようななか、本書において、精神障害のある人、あるいは、精神障害者という場合、基本的に図表1－1の③の範囲に入る人を指すことにします。ただし、図表1－1の①や②の範囲の人が、③に移行したり、一方で、③の範囲の人が②に移行することもあります。そのようなことからも、予防的なことや継続的な支援を考えれば、図表1－1の①～③のすべての範囲、すなわち、国民全員が精神保健福祉士の対象者と見なすことができるでしょう。

ちなみに、前述の『患者調査』でいう精神疾患名は、統合失調症、気分障害（躁うつ病を含む）、神経症、さらには、認知症も含みます。また、「はじめに」で述べましたように、今日、精神障害者の範囲は広く、発達障害や高次脳機能障害等も含みます。

ただし、本書は、医療的な解説書ではありません。そのことから、疾患ごとの分類はしません。したがいまして、精神保健福祉士が対象とする人を社会で暮らす生活者として捉え、精神障害のある人固有の特性や、一方で、人としての共通性について、これから述べていくことにします。

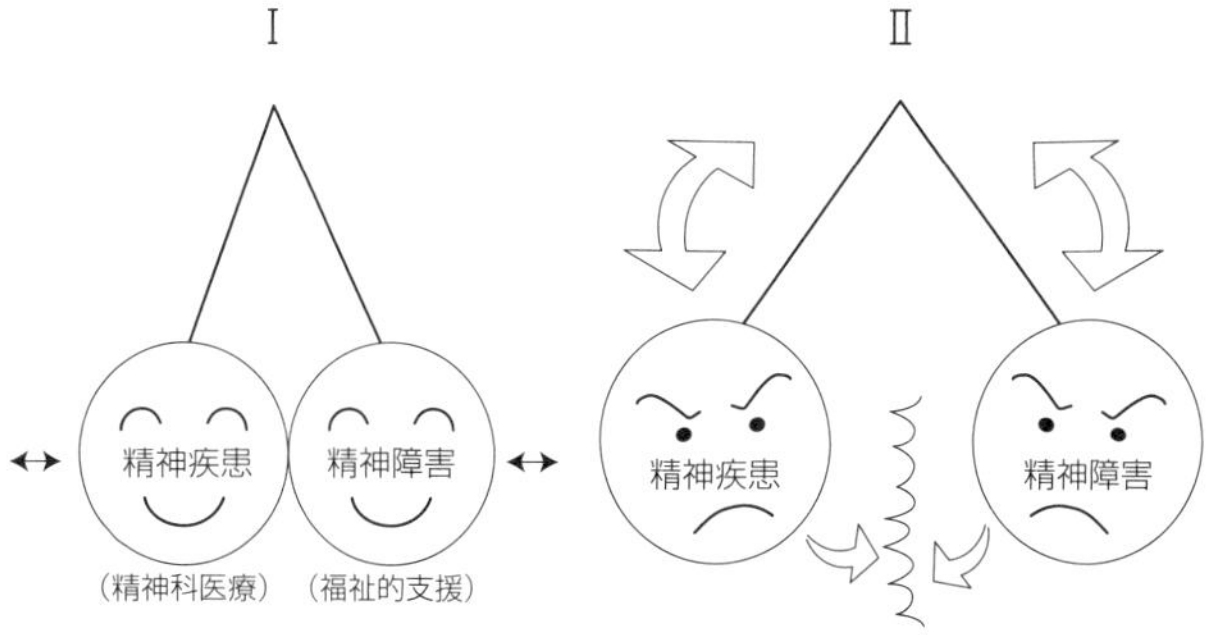

図表１－２　精神疾患と精神障害との振幅をもった関係性
出所：青木聖久・杉本浩章編『新 社会人のための精神保健福祉士』学文社，2014，33頁を一部加筆修正

３　精神障害による特性と人としての共通性

(1)　疾患と障害の併存

精神障害のある人は、病者であると共に障害者である、といわれます。精神障害のある人の多くは、図表１－２のⅠの左側の「精神疾患」と付き合いながら暮らしていることになります。たとえば、川上さん（仮名、男性、五〇歳代）は、疲労が蓄積すると、幻聴が聞こえることがある、というのです。そうなると、そのことが気になり、苦しくて仕方がありません。そこで、川上さんは予防的な意味からも、定期的に通院（精神科医療を利用）し、服薬によって、自らの精神疾患と付き合っているのです。

加えて、川上さんは図表１－２のⅠの右側の「精神障害」も抱えています。そのことから、さまざまな生活場面において、生活のしづらさが生じています。そこで、川上さんは、福祉サービス等を利用するために、手帳を所持しています。

また、所得保障として障害年金も受給しています。

このようにして、精神科医療及び福祉的支援を適切に受けることができれば、図表1－2のⅠに示しているように、左側の精神疾患の球も、右側の精神障害の球も安定するのです。ところが、幻聴の出現等によって、図表1－2のⅡに示しているように、精神的な不調をきたし、精神疾患の球が揺れ始めると、精神障害の球も呼応するように揺れてしまうことから、生活に影響が生じることになります。また逆に、障害年金における生存確認のための書類提出を怠ってしまい、支給が一時差し止めになると、「年金が止まってしまうと明日からの暮らしはどうなるのだろうか」と不安になってしまいます。すると、精神障害の球が揺れ、精神疾患の球が呼応することによって、精神的な不安感を生じさせてしまうことになりかねません。つまり、二つの球は、振り子のように振幅《しんぷく》をもって影響し合う結果、これらのことが起こるのです。このように、精神疾患と精神障害は、不可分の関係にあることがわかると思います。

(2) 機能・活動・参加レベルの障害

そうは言っても、わかりづらいのが精神障害の中身です。そこで、図表1－3を用いて説明することにします。障害を構造的に理解するためには、図表1－3に示しているように、①機能、②活動、③参加の三つのレベルで捉えるとわかりやすいです。図表1－3は、あえて右側に精神障害の例示をしていますが、この①～③の三段階は、精神障害に限りません。

たとえば、大学院の受験を目指していた山本さん（仮名、女性、二〇歳代）は、交通事故によって①

障害	①　機能（一次的）	意欲，思考等
	②　活動（二次的）	外出，コミュニケーション等
	③　参加（三次的）	就学，就労等

図表１－３　精神障害における３つの障害レベル

出所）世界保健機関（World Health Organization：WHO）が2001年に承認した「国際生活機能分類；ICF」をもとに筆者作成

視覚の機能レベルの障害（一次的）が生じました。そのことによって、山本さんは本が読めなくなり、さらに、外出が困難になるという②活動レベルの障害（二次的）も生じることになったのです。そのような状況にありながらも、山本さんは努力を重ねることによって、点字を覚え、多くの専門書を点訳しました。そして、一定の学力を備えることができた山本さんは、後に入学を希望する大学院に自身の状況を伝えた上で、願書を取り寄せようとしたのです。すると、思いもよらないことをいわれました。「すみません、本学では、視力障害のある人を受け入れる環境がありません」、と受験することを断られたのです。つまり、③就学の機会という参加レベルでの障害（三次的）が、山本さんと大学院との間に生じてしまったのでした。それは、いうまでもなく、障害のある山本さんに問題があるわけではなく、社会の側、つまり大学院の環境に問題があることによって、障壁が生じてしまった、というものです。

かたや、会社勤めをしている精神障害のある片山さん（仮名、男性、三〇歳代）は、他者と話をしていて、相手が急に早口になったり、時計をちらほら見始めたとしても、話を切り上げようとしません。それは、相手の状況を推《お》し量《はか》る、ということが苦手な①機能レベルによる思考障害（一次的）によるものです。片山さんは、このような関係を、あちこちで作ることから、②活動レベルでのコミュニケーションの支障（二次的）をきたしてしまいます。その結果、③の参加レベルとして、就労に支障（三次的）が出てしまうのです。具体的なこととして、つい最近まで会社勤めをしていた真面目な片山さんは、他の従業員が遅刻寸前に出社するなか、いつも一〇分前に出社していました。ところが暗黙知で、雨の日には決まって、社長が始業時刻の一五分前に現れることを知っている他の従業員は、当該日に二〇分以上前に出社するのです。ですが、片山さんは特別な対応はできません。すると、自分より後から出社する片山さんに対して、社長が怖い顔をして見ていることが多いのですが、思考障害のある片山さんは、そのことの意味がわかりません。そして、結果的に不誠実な従業員という烙印を押され、会社に居づらくなり退職することになってしまったのです。

このように、①機能、②活動、③参加レベルの障害は、連動します。また、逆方向に、③参加レベルから、①の機能レベルに向かうこともあります。一方で、同じような精神障害をもっていたとしても、もともと保有している価値観や家族関係、もともと身につけている知識や技能、さらには、環境等の社会的背景によっても、①、②、③の障害の現れ方は異なるのです。

(3) 当たり前の喜怒哀楽とプライド

前述しましたように、精神障害のある人の特性を知ることは重要です。たとえば、会社の会議において、一見やる気がなさそうに映る人に対して、「やる気がない、態度が悪い」と決めつけることはできません。それは、精神障害の①機能レベルによる、意欲の低下によるものが原因かもしれないのです。

ただし、特性ばかりに注目してしまうと、精神障害のある人は、さも特別な人になってしまいかねません。そこで、精神障害による特性を理解したら、筆者は必ずセットで、人としての共通性についても理解してほしい、といいます。なぜなら、人がもつ全人格のなかで、精神障害による特性はせいぜい一%程度だと思われるからです。

では、九九%は何か。それは、人としての共通性。つまり、当たり前の喜怒哀楽です。次の、①〜④をご覧ください。

① 人は、褒《ほ》められたら嬉しくなる
② 人は、根も葉もないことをいわれたら腹がたつ
③ 人は、自分のことをわかっていないのに、さも、知っているかのような対応をされると悲しくなる
④ そして人は、等身大で生きることができれば楽しい

加えて、です。こんな光景を見たことはないでしょうか。精神障害のある人が、福祉施設のスタッフ、あるいは、行政機関の窓口において、上から目線のような対応を取られているにもかかわらず、笑っているような姿を。すると、その光景を見た人はいうのです。「あの人は、プライドがなくなってしまっ

たんでしょうかね」と。

でも、そんなことは決してありません。プライドがなくなる人なんていないのです。精神障害のある人は、そのような状況にありながらも、迎合《げいごう》しないと生きていけないことを知っているので、あえて、自らの気持ちにふたをして、表情では笑いながら、心のなかは悔しくて仕方がないのです。ぜひ、精神保健福祉士を目指す方には、これらの心情を慮《おもんぱか》っていただければと思います。

Ⅱ　もうひとりの当事者

1　当事者とは誰か

昨今、精神障害のある人に対して、当事者という言葉を使うことが少なくありません。では、当事者とは、精神障害のある人だけを指すのでしょうか。そんなことはありません。

当事者における「当事《とうじ》」の語源は、中国の紀元前の春秋時代に使われていた、旧字体の「當事《とうじ》」だとされています。それは、事に当たることを意味し、事にあたる人が當事者。その當事者という言葉が、日本の法律に初めて採用されたのが、一八九〇（明治二三）年の民事訴訟法。そこでは、原告と被告を當事者としており、訴訟の勝敗に利害関係のない人とを区別する意味で用いられていたのです。その後、字体が「当事者」に変わり、現在に至っています。民事訴訟法をはじめとする民事法において、当事者という用語は、現在も法律用語として位置づいており、当事者の対語が第三者。(5)これらのことから、民事法との整合性でいえば、精神障害のある人の家族（以下、家族）も当事者の範囲に入るといえるでしょう。

2　精神障害のある人の家族の実際と思い

筆者は阪神・淡路大震災発生から三ヵ月後の一九九五年四月より、四年間にわたり、「兵庫県精神障害者家族会連合会」（現、兵庫県精神福祉家族会連合会）において、週に一回、電話相談員をしていました。それは、ソーシャルワーカーとして、被災地で、何らかの役に立ちたいという思いから。また、二〇〇一〇年より現在まで、「全国精神保健福祉会連合会」（通称、みんなねっと）において、理事をさせていただいております。これらのことをはじめ、多くの家族とこれまで交流をしてきました。そのようなことから、ここからは、筆者自身の経験と、さらには「みんなねっと」が家族に対して実施した調査結果を通して、家族の現状や思いについて述べることにします。

(1) 家族の実態

みんなねっとは、二〇一〇年三月に、家族に対して実施した全国調査の報告書を発表しました。[6] それは、全国の九、三二〇名の家族会員へ調査票を配布し、その結果として得られた、有効回答数四、四一九名からの調査報告書（以下、報告書）です。
報告書によると、回答者と精神障害のある人（以下、本人）との間柄は、親八五・一％、兄弟姉妹八・六％、配偶者二・九％、子一・三％となっています。回答者の平均年齢は六六・七歳です。以下、家族の実態を表している結果をいくつか紹介します。

設問：本人が初めて精神科を受診して診断を受けたとき、その精神疾患についての知識があったか？
⇓あった（一二・五％）、なかった（八七・五％）

精神疾患は、まだまだ、身近な疾患ではありません。九割弱の家族が事前の知識がなかったと回答しています。加えて、重要なことがあります。それは、前述したように、家族も例外ではなく、精神疾患及び精神障害に対して、もともとは、①見た目、②経験則等によって、わからない人が大半であった、ということです。家族にとって、精神疾患や精神障害は、身近なものでなかった人が多かったことになります。だからこそ、専門家のかかわりが必要となるのです。

設問：信頼できる専門家に相談できるようになったのは、本人が病気になってからどれくらい経過してからか？
⇓出会っていない（一八・九％）、三年以上（三一・四％）、六か月以上三年未満（二六・一％）、六か月未満（二三・六％）

ところが、です。信頼できる専門家に出会えていない家族が、未だに二割弱います。また、すでに信頼できる専門家と出会えている家族のなかでも、そこに至るまでに三年以上を要している家族が三割以上いるのが実態です。また本調査では、回答者のなかで最も多い間柄が親。その親は、最愛の我が子の突然の精神疾患の発症にとまどいます。現状をいかに受け止め、対応し、どのように将来への見通しをつけていけばいいのか。まさに、藁《わら》をもつかむ思いで、専門家を頼るのです。いえ、頼らざるを得ないのです。しかしながら、それらが実現していないのが実態だといえます。

設問：今後、予測される困難や不安はどのようなことか？（複数回答）＊上位五つ
⇓家族の高齢化（八四・一％）、家族の病気（五六・五％）、収入の減少（五二・三％）、家族構成の変化（死別や別居等）（三七・二％）、孤立・孤独（二七・五％）

そのようななか、家族は後述するように、家族会との出会い等によって、少しずつ本人との距離感を知る機会を得たりします。一方で、家族自身が、多くの福祉的課題に直面してしまうのです。たとえば、我が子が二〇歳で発症した時に五〇歳だった親は、三〇年後に八〇歳。自身の高齢化や病気、いずれかの親の死亡等ということに直面します。また、勤めていた常勤職を辞め、パート勤務等に切り替えることによる収入の減少等が起こるのです。加えて、医療費の出費等の現実的課題に直面することになります。

(2) 家族の想《おも》い

これらのさまざまな実態をふまえ、「みんなねっと」は、以下のように、「わたしたち家族の七つの提言」を出しました。

【わたしたち家族の七つの提言】
① 本人・家族のもとに届けられる訪問型の支援・治療サービスの実現
② 二四時間・三六五日の相談支援体制の実現
③ 本人の希望にそった個別支援体制の確立
④ 利用者中心の医療の実現
⑤ 家族に対して適切な情報提供がされること

⑥ 家族自身の身体的・精神的健康の保障

⑦ 家族自身の就労機会および経済的基盤の保障

家族が求めているのは、本人が住み慣れた地域で、ごく当たり前の暮らしができる精神科医療の実現です。疾患と障害が併存する本人が医療中断することなく、訪問型の医療が提供されることを家族は望んでいます。また、家族は本人の病状が夜間や休日に変化し、対応に困惑した経験を少なからずもっているのです。そのことからも、二四時間・三六五日の相談支援体制を望んでいます。いずれにせよ、求めているのは、かけがえのない本人を中心にした医療の提供であり、個別支援体制の充実だといえます。

一方で、従来、家族は治療協力者という位置づけになっていました。そのことから、家族に対して、情報提供を求められたとしても、家族が支援対象者として捉えられることは少なかったのです。でも、家族は本人に対して、物理的にも精神的にも最も距離が近い存在であると共に、家族もまた当事者なのです。したがって、家族への支援も、本人への支援と同様に必要だといえます。その結果、家族自身が身体的・精神的に健康になり、就労機会が保障され、経済的基盤が安定することは、本人の暮らしの安定にもつながるのです。そのことによって、家族は本人に対して、安心してかかわることができるといえます。

ですが、これらのことについて、ひとりの家族が単独で声をあげることは難しいといわざるを得ません。そこで、それらの個々の家族の思いを受け止め、家族が笑顔でいられることを実現するための存在が家族会なのです。

3　家族会が果たす機能と役割

家族会には、後述するように、四つの機能があると考えられます。そのことについて、順に説明したいと思います。

(1)　交流することによって得られる学習機能

現代社会においては、家族会につながらなくとも、経済的支援の制度や、本人へのかかわり方について、インターネットや本で、一定程度知ることができます。ですが、それは、あくまでも事実を知るレベル。家族が求めているのは、事実をどのように解釈し、今と未来を本人や家族がよりよく暮らせるかを知ることなのです。

そのようなことからも、家族会では本人や家族が、事実としての制度と、どのように折り合いをつけながら利用するに至り、今を生きているのか、というようなことが活発に話し合われています。「障害年金を受給することは、社会から障害者だと烙印を押されるようで嫌だ、といっていた弟。それが、デイケアで知り合った友達と話をするなかで気持ちが変わった」。「最初は、娘が病気になったことがつらいと思っていた。でも、他の家族と話しているうちに、そうではなく、病気によって、娘が苦しそうな顔をしているのを見るのがつらいことに気づいた。娘は何も悪くない」等。

家族会はまさに生きた学習の場。そこでは、家族が体験談を語り、他の家族が聞き、互いに共感しあっていることが、ひしひしと伝わります。すると、「人っていいな」と思えるし、また、この場に再び足が向かいます。そして、今度は自分から、自然と語り始めるのです。人は、これらのことを繰り返すなかで、明日に向かって自分らしく歩むことができるのではないでしょうか。

(2) 抱えている荷物を降ろすことによる解き放ち機能

とはいえ、多くの家族が、ありのままの現実に対して向き合うことは簡単ではありません。安井さん(仮名、女性、五〇歳代)は、家族会に通い続けて間もない頃、定例会の終了間際に、「一番大変なのは、精神障害をもつことになった息子。そのことはわかる。でも」といいました。そこには、割り切れない自分がいたのです。ずっと、のどにひっかかっていたことを、安井さんは初めて、家族会で話すことができたのでした。

その話を聞いていた山形さん(仮名、女性、六〇歳代)は、優しい表情で、次のようにいいました。「安井さんも、息子さんも、よく頑張ってきたわよ。誰も好き好んで、病気になる人はいないのよね。ここ(家族会)は、何を話してもいいところだから」と。すると、安井さんは、世間体《せけんてい》に翻弄《ほんろう》されていたこと、息子を褒めたいけれども躊躇《ちゅうちょ》してしまう自分の思いを、堰《せき》を切ったように話し始めたのです。

そのことに対して、周りにいた家族会の人たちは、みんな自分のことのように耳を傾けていました。そして、山形さんは、安井さんが話し終えると、次のように語ったそうです。「私たちも通ってきた道。一人じゃないからね」と。

安井さんは、思いを吐露《とろ》することによって、不思議と気持ちが楽になったといいます。それは、壁に向かって話すのではなく、安心して話せる家族会のみんなの前だったから。

(3) 家族ゆえの気づきを発信する優しい社会作り機能

家族が当初家族会に求めていたことは、多くの場合、目の前の本人の今と未来に希望を見いだしたいから。ところが、「本人の」という側面もさることながら、前述の(2)の解き放ち機能によって、家族自身の気持ちが楽になることが多いのです。さらに、当初、世間体が気になっていたはずの家族が、街頭に立って、医療費助成の請願活動をすることも珍しくありません。いったい、何が、家族をそのように変化させるのでしょうか。

大切な子どもやきょうだい等が精神疾患を負い、出口が見えないなか、多くの家族は、かすかな灯《ともしび》を求めて、家族会へと足を運びます。すると、自分のことはさておき、人の話に耳を傾け、我がことのように思いを馳《は》せる家族会の人たちのまなざしによって、家族会に参加した家族は、気持ちがほぐされるのです。そうしたら、不思議と、そのバトンを、自分も他の誰かに渡したい、という思いにかられることになります。「きっと、社会には、かつての私がそうだったように、未だに誰にもつながらず、孤立している本人や家族がたくさんいる。何かの役に立てれば」。このバトンリレーこそが、家族会の魅力ともいえるでしょう。

加えて、家族会活動を通して暮らしに目が行くなかで、多くの現実にも直面します。その一つが、「医療費助成」という市町村独自の条例。勝野さん（仮名、女性、六〇歳代）は医療費助成について、家族という立場にならなければ、関心すらわかなかったといいます。その医療費助成が、市町村単位で独自に実施されていることを、勝野さんは知りました。隣の市では、精神障害者保健福祉手帳一・二級があると、入院・外来を問わず、すべての診療科の医療費助成を受けることができるから医療費の経済的負担がほぼ発生しない。なのに、勝野さんが住んでいる市には、これらの条例がないことがわかったのです。「自分は、この街に生まれ育って五〇年。大好きな街だと思っている気持ちに何の変化もない。でも、これからも、もっとこの街を好きでいられるように、家族という立場になったからこそ知ることができた医療費助成を、この街でも実現し、優しい街にするために医療費助成制度の実現に取り組もう」、と決断したのです。また、そのように、他者のために行動していることに対して、自分自身が驚くと共に、そんな自分のことを、勝野さんは生まれて初めて、好きになれたといいます。

(4)　他の家族の姿を通して得られる等身大の生き方としてのモデル機能

橋本さん（仮名、男性、五〇歳代）は当初、家族会は互いが傷をなめ合っている弱い人たちが集まるところだと思っていました。また、本人の疾患が完治しなければ意味がない、とも。

ところが、家族会の定例会では終始笑顔が絶えません。また、近隣や親せきにはいえないようなことも、安心して語れる雰囲気があります。そこには悲壮感がまったくないのです。橋本さんが一番気にしていた親なき後のことについて聞くと、「今できることを精一杯やって、後は社会にお任せするの」といわれました。この発想も、自分で何とかしないといけない、と気負っていた自分にとって、考えもしなかったことだったのです。何よりも、人や社会を信じることの大切さを、橋本さんは家族会に参加するようになって、初めて考えるようになりました。

家族会の人たちは、本人の疾患や障害を隠すのではなく、そこに向き合い、一方で、自身の趣味ももちながら家族会活動に取り組んでいることにも衝撃を受けました。また、本人に対しても過干渉ではなく、家族自身のことも大切にしながら。それでいて、自分の私利私欲のためではなく、家族会活動を笑顔で続けている人たち。

橋本さんは、これまでの自身の人生において、収入の多寡《たか》や仕事の有無及び内容によって、暗黙のうちに他者を評価している自分が恥ずかしくなったといいます。でも、そのことが、自分自身を苦しめていたことにも、気づくことができたのです。そして、橋本さんは今、社会にSOSを出すし、逆に自分の経験等を大いに発揮し、一度きりの人生を自分なりに、自分らしく生きていこうと思えるようになったといいます。そのように考えると、目の前の事実は、以前とちっとも変わらないのに、家族会との出会いによって、橋本さんは穏やかな自分でいられるようになったのです。

Ⅲ　生きがいと生きづらさ

1　チャレンジする

人は誰しも、生きがいをもつことを望んでいます。というか、生きがいがなければ、明日への希望を見いだすことができません。それは、精神障害の有無を問わず、当たり前のことだといえるでしょう。

ところが、このような本人の思いと、周囲の考えとは、温度差があるといえます。たとえば、精神疾患の発症によって、激しい精神症状に支配され、五年間にわたり精神科病院への入退院を繰り返した辻さん（仮名、男性、二〇歳代）は、一年前から、地域活動支援センターに通い、病状もようやく落ち着いてきました。そこで、辻さんは、「仕事にチャレンジしたい」と。

ところが、家族からすれば、やっと安定した日々を送りかけた矢先でしたので、「もう少し、落ち着いたらね」と消極的な対応をしたのでした。辻さんは、家族が心配する気持ちが痛いほどわかります。でも、チャレンジする気持ちにふたをしてしまえば、明日から生きていく意味すら見いだせなくなる、と思ったのでした。

さて、これまで述べてきましたように、精神障害のある人は、人としての共通性を有しています。それは、生きがいをもつこと。そして、その実現に向かうプロセスが、「チャレンジする」こと。裏返せば、私たちが最も悔しいことが、チャレンジすることを諦《あきら》めてしまうことだといえます。

これらの全体像を示しているのが図表1－4「人生における新たな意味付けを見いだすプロセス」です。

(1) ストレングス

加えて、大事なことがあります。それは、本人に対してストレングス視点で捉えることです。

では、ストレングス視点とは何か。それは、本人に対して、長

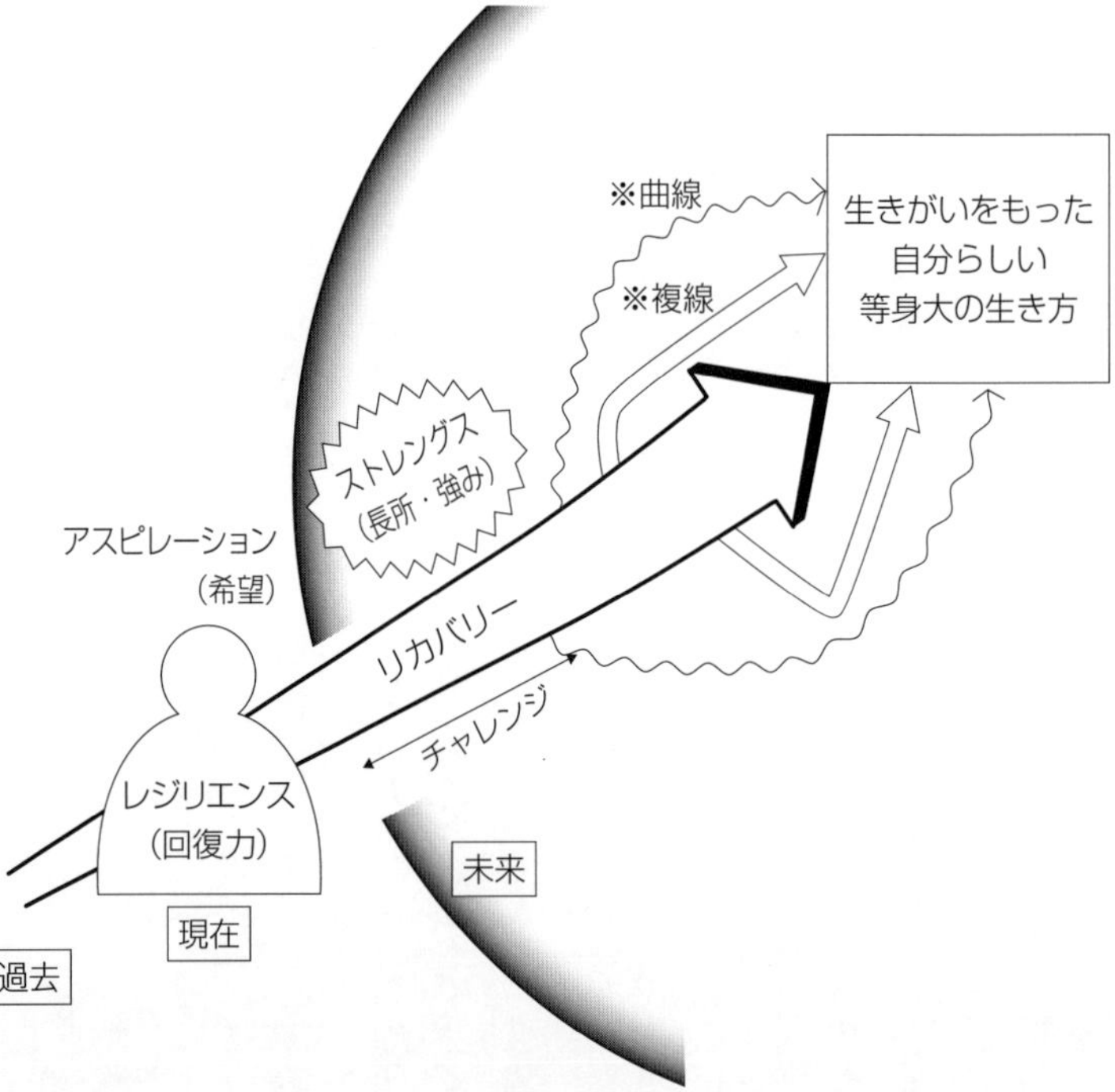

図表1－4　人生における新たな意味づけを見いだすプロセス

所や強みをもっている可能性に富む人だと捉えることです。その際、もうひとつ重要なことは、アスピレーション、すなわち、希望への着眼。したがって、仕事に対して、意欲を示さない人がいるとすれば、その人をできない人と見なすのではなく、あくまでもストレングス視点で、長所や強みがある人と捉えていただければと思います。そのようにすれば、不思議と見え方が変わります。本人に力がないのではなく、本人が望む仕事内容と職場とのマッチングにおいて問題があるのではないか、というように。

斎藤さん（仮名、男性、一〇代後半）は、高校時代、小さい頃からの憧れの、誰もが知るT大学に入学することだけを目標に青春を捧《ささ》げました。その結果、見事合格し、T大学生になれたのです。ところが、半年後、彼は精神疾患を発症。すると、主治医は、「大学はいつでも行けるから、いったん退学して、治療に専念しよう」と提案したのです。そのことを聞き、斎藤さんは愕然《がくぜん》としました。なぜなら、T大学生でいることが、斎藤さんの人生そのものだったから。そこで、斎藤さんは納得がいかず、セカンドオピニオンの医師に相談したところ、「君は大学を辞める必要はない。なぜなら、君にとってT大学は人生そのものだろ。だから、どのようにすれば、T大学生を続けることができるかを一緒に考えよう」といわれたそうです。その結果、斎藤さんは、意欲的に通院や通学を続け、無事T大学を卒業したそうです。人は希望があるからこそ、未来に向かって歩むことができるのです。希望に向かえるのならば、治療にも、日々の暮らしにも前向きになれるのです。

(2) リカバリー

一方で、人にはレジリエンスとして、ゴムまりを圧迫しても、元に戻ろうとするのと同じように、復元力があるのです。なので、精神保健福祉士は精神障害のある人を信じることが大切だといえます。

精神障害のある人は、過去から現在に至り、そして、未来に向かって、人生を歩むのです。その際、目指すのは、生きがいをもった、自分らしい等身大の生き方。そこに向かって、チャレンジしたいのですが、人生、簡単には行きません。なので、歩み方はいろいろあっていいのです。それは、図表1－4に示しているように、直線もあれば、複線も。また、曲線もあります。多くの選択肢があるのです。また、前述したチャレンジとは、前に進むことだけを意味しません。止まることも、ときには、いったん戻ることもチャレンジ。そのような選択肢があることを、精神保健福祉士は、本人と一緒に考えることが大切だといえます。

そのようにして、未来に向かって歩むプロセスとして、リカバリーという言葉を、昨今、精神保健福祉の世界ではよく用います。リカバリーとは、日本語に直訳すると回復となることから、その意味として、元に戻るようにも取れてしまいます。ですが、精神障害のある人に対してリカバリーという場合は、通常そのような用い方はしません。

では、リカバリーとは何か。精神科リハビリテーションの代表的な研究者であるアンソニー（Anthony, W. A.）は、「リカバリーは、精神疾患の破局的な影響を乗り越えて、人生の新しい意味と目的を創り出すことでもある。精神疾患からのリカバリーは、病気そのものからの回復以上のものを含んでいる」と述べています[7]。これらのことをふまえ、筆者はリカバリーとは、「人生における新たな意味づけを見いだすプロセス」と定義したいと思います。そのようなことから、生きがいをもった、自分らしい、等身大の生き方に出会うまでの自身のプロセスについて、リカバリーストーリーとして、語る人も少なくないのです。

2　働くことと日常生活との関係

(1)　働　く

精神障害のある人は、リカバリーをどのような時に、意識できているのか。それはきっと、社会関係が構築されている時だといえるでしょう。また、ストレングスについて前述しました。ストレングスは人に加えて、社会に対していうこともあります。社会は決して、精神障害のある人に対して、差別や偏見に満ちている、厳しい側面だけではありません。逆に、社会関係によって、人は生きる力を得ることも多いのです。人は、社会で傷つくこともあるけれども、心の底から、「生きていてよかった」と感じることができるのも、他でもない社会関係によるところが大きいです。

とりわけ、その社会関係を実感できるのが「働く」です。ただし、ここでいう働くとは決して一般就労のみを指しません。障害者枠による一般企業での就職、就労継続支援A型・B型事業所での「働く」、さらには、ピアサポートとしての精神障害による体験談を活かした活動を含みます。いずれにせよ、働き方の形態に囚われず、自分自身が活かされ、社会で生きていることを最も体感しやすいものが「働く」だといえます。こんなことをいうと、ある人はいいます。「働くことは、ストレスが高まることにつながるので、無理をしない方がいいのでは」と。

確かに、その考え方を知ることも大切です。だからこそ、自分なりの、自分らしい「働く」に出会えるよう、精神保健福祉士の支援等が求められるのです。人は働くことによって、自分の長所に気づけるのです。働くことによって、仲間と共に一つの目標に向かって歩む時間を共有できるのです。働くことによって、仕事帰りに、「お疲れさん」といわれることをはじめ、褒められる機会を得られるのです。何よりも、働くことによって、これまで見たことのないような景色を体感できます。であるならば、精神障害があることによって、これらの貴重な経験をしないことになれば、一度きりの人生がもったいないことになります。なので、働く機会を精神障害のある人が当たり前に得ることは意義深いといえるのです。

(2) 常態化

とはいえ、彼らは生きづらさとして、精神障害による特性があることも事実です。ゆえに、家族や支援者が、働くことに慎重に対応しようとします。ただし、その生きづらさは見た目と共に、常態化によってわかりづらいのです。

ピアサポーターをしている松本さん（仮名、女性、四〇歳代）は、自身の生きづらさを客観視しており、次のようにいいます。「精神障害者は、精神障害のない人と比べると、ストレスに弱いといわれることがあります。でも、違うんです。平常で、ストレス値が六〇％ぐらいだったりするんです。なので、息詰まる可能性が高くなります」と。でも、それだけではないと続けます。「でも、そのように六〇％もストレスがあるはずなのに、精神障害と長く付き合うと、常態化によって、本人も周囲も生きづらさに気づかなかったり、忘れてしまったりするんです」と。

このような話を聞くと、「これこそ、レジリエンス。素晴らしい人間の力」と思ってしまうかもしれません。ですが、常態化はそのような前向きなものとは異なります。生きづらさが当たり前の日常になりすぎる余り、何が困っているかをうまく表現できない、というものです。なので、多くの精神障害のある人が受給している障害年金は、一年から五年の範囲で、「障害状態確認届」という現況届の提出が求められます。その際、診断書を作成する主治医から、日常生活の困難さについて問われると、「特にありません」と答えてしまい、障害年金が支給停止になってしまうこともあるのです。

そのようなことからも、精神保健福祉士は、精神障害のある人に対して、ストレングス視点で捉えることは基本だけれども、一方で、常態化によって隠れている生きづらさについても、客観的に捉える視点もまた重要だといえます。

3　誰もが自らの人生の主人公

家族のなかには、仕事を辞め、趣味の時間も投げ捨て、本人に濃密にかかわろうとする人がいます。しかし、これでは互いに息苦しくなってしまいます。なぜなら、「私はこれだけ頑張っているのだから、あなたも頑張って」等というように、かかわりに対する成果が、知らず知らずのうちに、暮らしの目標になりかねないからです(8)。

では、どのようにすればいいのか。それは、本人も家族も、自らの人生の主人公として、まずは自分を大切にする、ということ。本章の前半部分に、精神保健福祉法第一条を用いて、メンタルヘルスのことを紹介しています。本人や家族も、当たり前にメンタルヘルスの対象者です。

自分自身が日々の暮らしのなかで楽しみを見つけ、穏やかに過ごせることが大切となります。ですが、それは簡単なことではありません。というか、そのような段階にたどり着くには、時間と共に、出会い等が必要となるのです。それが、本人の場合は、ピアサポートとして、同じように精神障害をもっている仲間からの体験談を通してだったりします。同様に、家族は家族会等を通して。

精神保健福祉士には、本人や家族に対して、ぜひ、「あなた自身のために」というメッセージを発してもらいたいと思います。誰もが自らの人生の主人公。人は、他者から自身が尊厳のある存在として受け止められると、理屈ではなく嬉しいし、優しい気持ちになれるのです。すると、そのように優しくされたバトンを、次の誰かに渡したくなりますし、社会を信用することができます。ゆえに、本人に尊厳をもってかかわれば、そのバトンは家族へと渡ります。また、同様のことは、家族に対してもいえます。ただし、これらの状況に至っていない本人や家族は、社会にまだまだたくさんおられます。だからこそ、社会人経験を有する精神保健福祉士の出番が待っているのです。

注

（1）豊田徳治郎『碍の字を常用漢字に』豊田徳治郎、二〇一八年
（2）総務省統計局『総人口概算値：二〇一九・十・一現在』
https://www.stat.go.jp/data/jinsui/new.html（二〇一九年十一月九日閲覧）
（3）厚生労働省『二〇一七年患者調査』
（4）厚生労働省『平成三〇年度衛生行政報告例』
（5）日本精神保健福祉学会『精神保健福祉学の重要な概念・用語の表記のあり方に関する調査研究　平成二九年度報告書』二〇一八年、一七〇頁
（6）全国精神保健福祉会連合会・平成二一年度家族支援に関する調査研究プロジェクト検討委員会編『精神障害者の自立した地域生活を推進し家族が安心して生活できるようにするための効果的な家族支援等の在り方に関する調査研究』二〇一〇年
（7）Anthony, William A.（1993）Recovery from mental illness: The guiding vision of the mental health service system in the 1990s, *Psychosocial Rehabilitation Journal*, 16(4), 11-22.
（ウィリアム・A・アンソニー著＝濱田龍之介訳「精神疾患からの回復—一九九〇年代の精神保健サー

ビスシステムを導く視点」『精神障害とリハビリテーション』一九九八年、二(二)、一四五－一五四頁
(8) 青木聖久『追体験 霧晴れる時』ペンコム、二〇一九年、三－四頁

参考文献

・青木聖久・杉本浩章編『新 社会人のための精神保健福祉士』学文社、二〇一四年
・青木聖久『第三版 精神保健福祉士の魅力と可能性』やどかり出版、二〇一五年
・障害者福祉研究会編『ＩＣＦ国際生活機能分類―国際障害分類改定版―』中央法規出版、二〇〇二年

PSWからのメッセージ①

精神保健福祉士の魅力と可能性～出会いが人を変える　自分が変わる　社会が変わる～

Ⅰ　たくさんの人や家族の人生に寄り添えます。
相談をきっかけに相手と出会います。悩みや生活のしづらさを受け止め、整理し、現在の生活でできる工夫を支援します。主役は、「当事者」です。まっすぐな道を進む人もいれば、曲がりくねった道を選ぶ人もいます。私たち精神保健福祉士は、「伴走者」となって、相手のスピードに合わせ、共に進んで行くのです。

Ⅱ　自分自身と向き合い、成長できます。
出会いのなかで、たくさんの価値観や生き方に触れ、視野が広がります。自分の経験や価値に基づいた「偏った見方」でないか振り返り、当事者の声に耳を傾けているか、別の考え方はないのかなど立ち止まり考えます。「本当にこれで良かったのか」と葛藤します。しかし、このように自分と向き合うことが、成長になります。精神保健福祉士としてだけでなく、人として成長することができます。精神保健福祉士の仲間から、気づきを得られます。

Ⅲ　社会を変えることができます。
目に見えない心の病・生活での障害は、現代社会がもつ問題と決して無関係ではありません。私たちは、一人ひとりが満足できる人生を歩めるように現代社会の課題や問題、未来に向けた制度政策を作り、社会構造を変えていく専門家なのです。
「ひとりの人として自分をみてくれているのですね」。というクライアントの言葉。目の前の一人ひとりを大切にすることが、あなたの力になります。

望月　千春（東春病院：愛知）

PSWからのメッセージ②

多様な経験を生かして

私が精神保健福祉士をめざすきっかけになったのは、大学時代に阪神・淡路大震災とホームレスの支援活動をしたことでした。被災地に入り住民の方々の過酷な状況を目の当たりにして、夢中で二ヵ月間、食料配布や仮設住宅訪問などを現地の方や専門職と行ったことを覚えています。病いと飢え、寒さと暴力に耐えながら路上で寝ている大勢の方々へ支援者と共に出向き、個々に声かけをしましたが、拒絶されると何とかしたいと思いました。
これらの活動を通じて、思うことは、災害や病気、失業、挫折、離婚などをきっかけに普通の生活から被災者や野宿生活者に転じる現実があること、それは社会や人々の差別や偏見、無関心が背景にあるということです。この経験から精神科病院に就職しました。卒業後に誕生した精神保健福祉士になるため退職し、専門学校に通い資格を取得しました。その後は九州、関西と六回引越しするたびに転職しましたが、精神保健福祉分野の仕事を二〇数年続けてきました。その他、夜間や休日にはボランティア活動や精神保健福祉士協会の活動などをしています。現在は認知症カフェや、地域の居場所運営、当事者活動等の手伝いをしていて精神保健福祉士の仕事は当事者や家族のこころに寄り添うだけでなく差別や偏見、生きづらさや居場所のなさなど社会的な課題に分け入り、当事者の力を信じて一緒に課題に向かい合う姿勢、多くの方と連携して人や資源等の調整をする力が必要だと思います。私は専門知識や技術、価値、倫理を基に、社会人経験、さらには社会貢献活動の経験やつながりを活かして精神保健福祉士として活躍することを願っています。

鈴木　晃（サポートセンター西明石：兵庫）

精神・発達障害のある人の家族①

「だいじょうぶ」を届ける支援

長女が統合失調症を発症して二〇年。別人のように豹変した長女を目の当たりにする日々は、病状から起きる出来事に家族全員が翻弄されました。長女は介護福祉士として一年半働き、体調不良で離職後に発症しました。社会のなかに得た役割・居場所を失い、統合失調症という病に人生を見失い、どんなに絶望し苦しかったことか…。

その苦悩との戦いがあの豹変した姿と理解すれば、今なら納得ができます。でも、当時は何もわからず、落ち着きを取り戻した長女に腫れ物に触るような対応をし、将来の夢を語る長女にあきらめさせるような言葉かけで怒りの爆発を繰り返させていました。あの頃に、家族の話を丁寧に聴いて一緒に悩んでくれる支援があったら、もっと冷静に長女を理解できたのではないかと残念に思います。その後、長女は支援センターに通うようになりましたが、結婚・出産について相談をした時に、「子育ては大変だよ」といわれた日からセンターに行かなくなりました。良かれと思っての言葉だとは思いますが、「あなたには無理」というメッセージとして受け取ってしまったのです。

私は、これまでの体験から「精神障害があってもだいじょうぶ」と思える支援がほしいと考えています。病気になった時から、本人も家族も絶望を体験し生きる意欲を奪われます。そこから這い上がるためにも、その先、人として生きていくためにも、大切なことは「精神障害があってもだいじょうぶ」と思えるようになることだと実感します。精神保健福祉士の仕事は大変なことも多くあるでしょう。それでも、焦らずあきらめずに一緒に悩み続けながら、「だいじょうぶ」を届ける支援を心から期待しています。

岡田　久実子（もくせい家族会、全国精神保健福祉会連合会副理事長：埼玉）

精神・発達障害のある人の家族②

精神保健福祉士に挑む社会人に期待する

私の世話をしている当事者は弟です。家族は妻と娘と息子です。私は大手企業で技術者として定年を迎えました。娘は妻と同じ看護師の道を選びました。息子とは進路を巡って話し合いをしました。

大手企業は福祉関連と較べれば給与は悪くはないが勤務地も職種も希望の通りにはならない場合が多い。当初は満足でも転勤や職種変更に本人希望はあまり聞いてくれません。担当しているものが社会状況の変化で売れなくなれば、売れるものを作っているところへ変わらざるを得ません。私は人間関係がうっとうしくて技術者の道を選んだのです。それなりに悪くない会社生活でした。定年後家族会活動を始めたわけです。ここで人間ってすばらしいものなんだと知りました。私は七八歳ですが日本の精神医療福祉改革のため活動しています。

息子は結局工学部へ進学しました。一年通学するなかでいろいろ考えて、再度医療関係の学校を受験し、医師として現在頑張っています。一年の間の話し合いのなか「親父、もう一度やり直せるなら、何をやりたいんだ」。私は「弁護士か、医者か、先生かだなあ。弁護士がやりたかったなあ。でも自分の能力を考えれば何でもできるわけではないからなあ。一生懸命やって目の前の人間が喜んでくれる仕事なら、何でもいいよ。機械や図面を前に人の顔がみえなくなることもあったからなあ」という話し合いがありました。

精神疾患は社会生活のなかで生まれた病なので、それを支援する人は社会生活の経験豊かな人が良いと思います。この本を読んでいる人に期待します。

木全　義治（ほっとクラブ・全国精神保健福祉会連合会副理事長：愛知）

第二章　ソーシャルワーカーとしての精神保健福祉士とは

Ⅰ　ソーシャルワークのグローバル定義と精神保健福祉士

1　ソーシャルワークとは何か

皆さんが今、興味、関心を抱いている「ソーシャルワーク」とは何でしょう。どのようなイメージをもっているでしょうか。精神保健福祉士を目指す学生さんにこのような問いを発すると、多くの方が「誰かの相談に乗ること」「困っている人の問題を解決すること」「社会資源へつなげること」と答えてくれます。もちろん、間違いではないのですが、それはソーシャルワークの一側面にすぎません。

ソーシャルワークが、「相談援助」として誰かの相談に乗ること、そして困っている人の力になることが強調され、そのためにさまざまな制度やサービス、人といったような社会資源を活用し、つなげていくことがソーシャルワークと理解されている現状があります。しかし、たとえば、相談に乗る専門職種には、臨床心理士や公認心理師という心理職、医師、看護師なども考えられます。介護福祉士も介護支援専門員（ケアマネジャー）も相談に乗ります。もっといえば、地域にいる気にかけてくださる気の良い近所の方、民生委員さん、さまざまな人がおそらく困った人の相談に乗って、何かしらのアドバイスをしたり、どこかにつなげてくださったりしていると考えます。皆さんもプライベートで友人や家族、職場の同僚から人生のこと、生活のこと、恋愛や人間関係のこと、仕事のことなどの相談を受けて、アドバイスをした、という経験もあるでしょう。他の専門職や地域の方、皆さんがプライベートで行っている相談とソーシャルワークはどう違うのかという疑問がわいてきます。

このように「相談援助」という視点のみでソーシャルワークを捉えると、実はソーシャルワークの輪郭は捉えにくくなります。ソーシャルワークそのものがもつある意味の「あいまいさ」が故に、視覚的にも捉えやすい、「相談援助」と「社会資源につなぐ」が強調され、折しも、地域生活への移行が政策的にも推進され、地域生活を送るためにニーズと資源を結びつけていくケアマネジメントに代表される技法が主流になっていたことも関係し、ソーシャルワークの表面的な一側面のみの理解にとどまっている現状があります。

また、社会人経験をもつ方は、自分自身の専門的であれ非専門的であれ相談援助経験をおもちです。いざ、社会人経験をもつ方がソーシャルワークを学ぼうとするときに、今までの自分自身が行ってきた相談援助の経験則、その際の価値観、ものの見方が先行してしまい、ソーシャルワークの学びが深めにくいということが起きることが少なからずあります。ですから、精神保健福祉士というソーシャルワーク専門職を目指す際には、まず「ソーシャルワークとは何か」ということを自身のなかで深め、そしてそれを実践で問い続けるための素地を作っていかなければなりません。

2　ソーシャルワークのグローバル定義

ソーシャルワークとは何か、という問いに対して、ソーシャルワークの一〇〇年に満たない歴史のなかでまだ、明確に言語化することは難しいと考えています。それは、ソーシャルワークが「ソーシャル」であるが故に、社会の変化に伴い、ソーシャルワークも原理を保ちながらも変化しうる存在であると考えているからです。

国際ソーシャルワーカー連盟は、二〇〇〇年七月に採択したソーシャルワークの定義を二〇一四年七月に新たにソーシャルワークのグローバル定義として改訂しています。ここで、二〇〇〇年のソーシャルワークの定義、二〇一四年のソーシャルワークのグローバル定義を見てみましょう。

図2－1からもわかるように、ソーシャルワークの定義とグローバル定義にはその共通する部分がありつつも、社会の変化に伴いソーシャルワークの捉え方も変化してきていることがうかがえます。ここでは、ソーシャルワークのグローバル定義を用いて、ソーシャルワークとは何か、に迫ってみたいと思います。

(1)　社会の視点

まず、最初にあげられるのが社会への視点の強さです。グローバル定義の最初の部分に「ソーシャルワークは、社会変革と社会開発、社会的結束、および人々のエンパワメントと解放を促進する～」とあ

国際ソーシャルワーカー連盟の「ソーシャルワークの定義」2000年
ソーシャルワーク専門職は，人間の福利（ウェルビーイング）の増進を目指して，社会の変革を進め，人間関係における問題解決を図り，人びとのエンパワメントと解放を促していく。ソーシャルワークは，人間の行動と社会システムに関する理論を利用して，人びとがその環境と相互に影響しあう接点に介入する。人権と社会正義の原理は，ソーシャルワークのよりどころとする基盤である。
出所：国際ソーシャルワーク学校連盟・国際ソーシャルワーカー連盟，日本社会福祉教育学校連盟『ソーシャルワークの定義　ソーシャルワークの倫理：原理についての表明　ソーシャルワークの教育・養成に関する世界基準』相川書房，2003

↓

国際ソーシャルワーカー連盟の「ソーシャルワークのグローバル定義」2014年
ソーシャルワークは，社会変革と社会開発，社会的結束，および人々のエンパワメントと解放を促進する，実践に基づいた専門職であり学問である。社会正義，人権，集団的責任，および多様性尊重の諸原理は，ソーシャルワークの中核をなす。ソーシャルワークの理論，社会科学，人文学，および地域・民族固有の知を基盤として，ソーシャルワークは，生活課題に取り組みウェルビーイングを高めるよう，人々やさまざまな構造に働きかける。
この定義は，各国および世界の各地域で展開してもよい。
出所）国際ソーシャルワーカー連盟
https://www.ifsw.org/wp-content/uploads/ifsw-cdn/assets/ifsw_64633-3.pdf（2019年11月24日閲覧）

図2－1　ソーシャルワークの定義とソーシャルワークのグローバル定義

ります。これは、ソーシャルワーカーの中核となる任務です。

その人の困っている問題というのは、その人とその人を取り巻く環境との交互作用によって起きているとソーシャルワークは捉えます。そうすると、その人だけに対して、その人の変化を促すための一生懸命なかかわりは、当然限界があるわけで、個人の問題がどのような環境との関係性のなかで起こっているかということを見る視点が大切です。そのときに、やはりその人が暮らす社会ということを見ていく必要があります。

現在、我々が生活している社会は完成された社会でしょうか。それぞれの個別性と多様性が尊重され、自由が保障され、その人らしく生きることができる社会が理想的な社会でありますが、残念ながら現在の社会はそれが保障されているとはいい切れません。さまざまな生きづらさを抱えている人たち、そしてその生きづらさを包摂できない社会があり、それが排除や差別へとつながります。精神障害や精神保健の課題を見てもそれは明らかです。障害が故に、また精神保健の課題を抱えた故に社会での生きづらさを感じている人は多くおられます。それは決して「その人の問題、自己責任」ではなく、その社会との交互作用が関連しているのです。そうしたときに、「その人が生きる社会」を変えていくことはとても重要なソーシャルワークの役割であるといえます。そのためのソーシャルアクションと呼ばれる技法は、社会の仕組み・構造や、政策への働きかけを行い、社会そのものを「誰もが住みやすい社会」へと変革していくことです。ソーシャルワークにはその役割が求められています。

さらには、マクロレベルへの働きかけを記した「社会開発」、個人個人は尊重しながらも社会としてのまとまり、つながりができることを重視し、そのような社会づくりを目指していくという「社会的結束」というように、社会を意識した活動をしていくことがグローバル定義の最初に述べられているのです。

一方で、ソーシャルワークが対象とする社会がとても大きなもので、社会を変革すると一言でいってもわかりにくい、実践としてイメージしにくいという難点があります。いきなり「社会を変える」と大上段に構えるのではなく、まずはクライエントの傍らに立ち、クライエントの生活課題や生きづらさを捉えたときに、それがクライエントだけの問題ではなく社会との関係性のなかで起きているという気づきを得られれば、そこにどのようにアプローチしていくかを考えていけると思います。

(2) ソーシャルワークの中核的概念

次にソーシャルワークの中核的概念について、グローバル定義を活用して説明していきましょう。グローバル定義には、「社会正義」「人権」「集団的責任」「多様性尊重」を中核的概念として挙げています。

「社会正義」とは、差別・貧困・暴力・搾取・不平等などのない、自由で公正で共生的な社会を目指す概念です。我々が生きる社会はまだまだその意味では社会正義を実現している社会とはいえません。たとえば、精神障害に対しても差別や偏見、誤解はまだまだ多くみられ、精神障害者を対象とした施設などを建設する際に地域住民の反対運動が起こることがあります。その多くは「精神障害者を対象とした施設の必要性はわかるが、何をするかわからないから不安」「怖い」という感情的なものです。正しい理解がないままに、誤った見方をされていることで、それが差別へとつながっていきます。このような社会が公正な社会といえるでしょうか。このような社会を誰もが自分らしく生きていける社会へと変革していくことが社会正義という概念が表していることだといえます。

二つめは「人権」です。今では一般的な言葉として用いられていますが、そもそも人権とはなんでしょう。一九四八年に国際連合で採択された「世界人権宣言」第一条では、人権を「すべての人間は生まれながらにして自由であり、かつ、尊厳と権利とについて平等である。人間は、理性と良心とを授けられており、互いに同胞の精神をもって行動しなければならない」と記しています。さらには、ソーシャルワークのグローバル定義の注釈として、ソーシャルワークは、市民的・政治的権利（言論や良心の自由・拷問や恣意的拘束からの自由など）と、社会経済的・文化的権利（合理的なレベルの教育・保健医療・住居・少数言語の権利など）、さらには第三世代の権利として、自然界、生物多様性や世代間平等の権利に焦点を当てています。[1] これらの権利は対立するものでなく、互いに補強し依存しあうと考えられています。

つまり、人としてこの世に生を受け、生きているからには、どんな人であろうと、生きる権利をもっており、その生きる権利は自由な考えと行動を基盤として、その人らしい暮らしができること、その人らしい人生を送ることができることを重要としています。もちろんそれが実現可能な社会の構築が必要であることはいうまでもありません。

ソーシャルワーク実践では人権に敏感であること、もっといえば、その人の権利が侵害されていることに敏感であることが求められます。目の前にいる人が自分らしく生きることができていないとき、それはその人の権利が侵害されていると考えます。権利侵害を現場レベルで捉えるときに、「その人の尊厳が損なわれていないだろうか」ということを重視した視点をもちます。尊厳とは、その人がその人として尊ばれること、もっとわかりやすくいえば大切にされていること、自分を大切にしていることを指します。ソーシャルワーク実践のなかで、そのような視点をもちクライエントとかかわることは、ソーシャルワーカーが実践のなかでソーシャルワークのグローバル定義にある中核的な概念を体現化することになるのです。

そして三つめとして、あらたに「集団的責任」という考えが導入されました。「集団的責任」とは、相互扶助、相互に依存しケアしあう人々、人々のつながりのなかで人が生きていき、そのつながりを社会のなかで育てていく視点の重要性が含まれていると考えます。背景にあるのは、行き過ぎた個人主義、個人的な責任を問う社会と、一方で社会のつながりを求めるような論調があり、とてもアンビバレントな状況となっている現代社会への警告です。「自立」という言葉をよくいわれますが、あたかも自分自身のことを自分自身の力で切り開くこと、誰の力も借りずに生きていくことのようにいわれます。しかし、本来は社会のなかで相互に助け合いながら、そのような依存できるつながりを作り、社会とのつながりのなかで自分らしさを模索していくということは、社会的な生き物である人間の生き方そのものです。それが可能な社会をソーシャルワークは実現していかなければなりません。

一方で集団的責任が集団に適応することが強調され、個が埋没しないように注意をしておかなければなりません。あくまでその人としての権利やその人らしさが尊重され、人とのつながりのなかで個が生かされるような社会が必要となります。

社会正義、人権、集団的責任という考え方をもとに、私たちは「多様性の尊重」をしていかなければなりません。さまざまな考えやさまざまな生き方は個人の自由であり、そのことを認め合うことのできる社会でなければなりません。それがソーシャルワークの目指す社会であります。一方で、文化的な背景からマイノリティを受け入れられず排除してしまうことも懸念されます。人権と社会正義と集団的責任と多様性の尊重は常につながっているものとして捉えていく必要があるのです。

(3) ソーシャルワークの学問基盤

次にソーシャルワークはどのような学問基盤をもつのかということを考えたいと思います。グローバル定義には「ソーシャルワークの理論、社会科学、人文学、および民族固有の知を基盤として」とあります。ソーシャルワークは学際的な側面が多くあり、ソーシャルワークの歴史を見ても、医学、精神分析学、心理学、社会学など隣接した学問領域のエッセンスを取り入れて発展してきました。さらには、「民族固有の知」という部分が重要です。これは、近代的、科学的な西洋の理論や知識のみが評価されてきた社会に対する警告でもあります。各国や地域において、さまざまな文化や伝統があり、そこに民族固有の知があり、そのことが社会の形成に大いなる貢献をしてきたのは紛れもない事実です。ですから、「この定義は各国および世界の各地域で展開してもよい」とあるように、各国・各地域の現状、文化的背景、社会構造にも基づき、新たな展開を示していく可能性を秘めたものとなります。大切な部分ははずしてはなりませんが、どのようにそれぞれの文化や社会と融合していくかということが、各国、各地域で活動するソーシャルワーカーに求められている力であると考えています。

(4) ソーシャルワークの実践

最後に、ソーシャルワークのグローバル定義に書かれている「実践」についても触れておきましょう。グローバル定義では、ソーシャルワークを「実践に基づいた専門職であり学問」と記しています。先にも述べましたが、ソーシャルワークは人と環境との交互作用の接点に介入するという特徴をもっています。ここでいう環境は、その人を取り巻く環境であり、具体的には家族、近隣や職場、友人などのその人の周囲の人間関係から、地域との関係、地域の文化的背景や地理的条件、社会の産業構造や雇用状況、その背景にある社会政策まで含めています。また「人々やさまざまな構造に働きかける」とありますが、ソーシャルワークは人と環境という視点をもちながら、その人だけでなく、家族、職場、地域、社会政策というようなさまざまなその人を取り巻く構造に働きかけることが求められます。その際に活用するスキルが、面接の技法であり、グループワークの技法であり、コミュニティへの働きかけの技法であり、政策立案、政治的介入、ソーシャルアクションなど、多岐にわたるという理解が必要です。

(5) ソーシャルワークをどのように理解するか

ここまでソーシャルワークのグローバル定義の解説をしてきましたが、そのことを踏まえてソーシャルワークをどのように理解するかを考えていきましょう。ソーシャルワーカーが向き合う人たちは何らかの生きづらさ、生活のしづらさという生活上の課題を抱えて私たちソーシャルワーカーと出会います。

そのときに私たちは、その人たちがどのような関係性のなかで生きているのか、ということに関心をもち、そのことをその人たちと共有していくプロセスを歩みます。その際には、その人の生活状況や歩んできた人生、家族構成、経済状況といった理解も大切ですが、どのような環境で暮らしているのか、どのような関係性のなかで生きているのか、今抱えている課題がどのような構造のなかで生み出されているものなのか、ということを的確に捉え、その人へ伝え、共有し、その人の生きづらさ、生活のしづらさに影響している構造への働きかけを行っていきます。ソーシャルワークはミクロ、メゾ、マクロという視点をもちます。ミクロがクライエントその人とその人を取り巻く環境であり、メゾがその人が生きる地域などを指します。マクロは社会政策や社会構造を指しています。そのような視点をもつことにより、その人がもつ生きづらさや生活のしづらさの重層的な理解が可能になり、その背景にあるさまざまな構造を捉えることができるのです。さらにそれは、その人が人権をもつかけがえのない「その人」であり、どのような人生であろうと、どのような生き方であろうと、それは多様な生き方として尊重し、その人を大切に思い、その人が大切にされている環境を作っていく必要があるからです。そのためにその人を取り巻く環境に働きかけ、社会構造の維持や変革に力を発揮していくことが私たちソーシャルワーカーの役割であり、使命であるといえます。

3　ソーシャルワークのグローバル定義から見た精神保健福祉士

ここまでは、精神保健福祉士というよりは、「ソーシャルワーク」とそれを担う「ソーシャルワーカー」という視点で述べてきました。それを踏まえて、本書のテーマでもある、精神保健福祉士と関連づけていきましょう。
精神保健福祉士は精神保健福祉領域におけるソーシャルワーク専門職である、ということをまずは共通理解としてもっておきたいと思います。その上で、精神保健福祉士法に定める精神保健福祉士の定義を見ていきましょう。

第二条「この法律において「精神保健福祉士」とは、第二十八条の登録を受け、精神保健福祉士の名称を用いて、精神障害者の保健及び福祉に関する専門的知識及び技術をもって、精神科病院その他の医療施設において精神障害の医療を受け、又は精神障害者の社会復帰の促進を図ることを目的とする施設を利用している者の地域相談支援の利用に関する相談その他の社会復帰に関する相談に応じ、助言、指導、日常生活への適応のために必要な訓練その他の援助を行うこと（以下「相談援助」という）を業とする者をいう。」

この定義から精神保健福祉士は、精神障害のために医療や福祉サービスを利用している方に対しての地域移行や地域定着といった退院支援・生活支援、社会復帰といわれる社会参加を目指していくために、助言や指導、訓練を行う専門職であるということが読み取れます。

これを今まで述べてきたソーシャルワークのグローバル定義と関連付けて考えてみると、グローバル定義におけるソーシャルワークがかなり広がりを見せてきているのに対し、精神保健福祉士の定義では、かなり現実的な、我が国の抱える精神保健医療福祉の課題に対応するための専門職という位置づけであることがうかがえます。そして、精神保健福祉士の定義のなかに、精神保健福祉士がソーシャルワーク専門職であるということ、社会福祉学を基盤にした専門家であるという文言は一言も入っていないという衝撃的な事実を見逃してはなりません。さらには、グローバル定義にあるような、「社会変革・社会開発・社会的結束」というような社会に目を向けた視点は定義からは読み取ることができず、長期入院者の退院支援や地域生活支援のために活動する専門職であるという規定は、精神保健福祉士のソーシャルワークとしての位置づけをあいまいにしているとさえいえます。

実はこのことが、精神保健福祉士とは何か、を伝えるときの弱みであるといえます。精神保健福祉士の定義はより現実的で理解しやすいものであり、相談に乗り、的確なアドバイスや指導を行い、時に生活に適応するための訓練を施すというように、取り組むことが明白でイメージしやすいものです。

しかし、ソーシャルワークのグローバル定義は、その言葉自体の意味は理解でき、重要性は理解しつつも、実際にやること、つまり実践に落とし込んでいくときになかなかイメージしづらいのです。それはソーシャルワークのグローバル定義との乖離《かいり》が生まれていると考えます。

これからの課題として、精神保健福祉士がソーシャルワーク専門職であるということを、いかに言語化していくことができるかということが重要であると考えています。精神保健福祉士は、自らの実践をソーシャルワークのグローバル定義、ソーシャルワークの価値に基づき説明し「私たちがやっていることがソーシャルワークである」ということを説明していかなければなりません。精神保健福祉士法の定義にあるような「助言」「指導」「訓練」は精神保健福祉士の実践的手段として活用していかなければなりませんが、それはあくまで手段であり、「何のために」「何を意図して」「どのような目的で」ということを意識しながら行っていかなければならないでしょう。精神保健福祉士という国家資格がソーシャルワーク専門職であるということがイコールで結びつけられるような実践の積み重ねが求められるのです。

Ⅱ　ソーシャルワークの必要性

精神保健医療福祉分野において、なぜソーシャルワークが必要かということをこの節では述べていきたいと思います。前節でソーシャルワークのグローバル定義、精神保健福祉士法における精神保健福祉士の定義について論じてきましたが、そこから得られたソーシャルワークの意義を意識しながら考えていきましょう。

このことを考えるときに、私たちは、わが国における精神障害者の置かれたとても悲しい歴史に目を向けなければなりません。そのことが、ここで述べるソーシャルワークの必要性ということと密接に関係しているからです。歴史によって積み重ねられたものが現代社会の精神保健医療福祉に大きな影響を及ぼしています。

また、もう一つの視点として、社会構造とメンタルヘルスの課題の視点から述べていきたいと思います。精神保健福祉士は、狭義の精神障害者にとどまらず、広く精神的な健康を阻害されている方々にかかわっていかなければなりません。さまざまな生きづらさを抱えている方々へのかかわり、という視点からソーシャルワークの必要性を述べていきます。そのうえで、もう一度ソーシャルワークの価値前提に立ち戻り、人間の社会性という観点からソーシャルワークの必要性に迫っていきたいと思います。

1　わが国における精神障害者処遇の歴史とその影響

(1)　精神病者監護法と私宅留置

明治以降、日本は富国強兵政策のもと、近代化の道を突き進みます。そのなかで一九〇〇年に「精神病者監護法」という法律ができました。この法律は、文字通り、精神病者（以下、精神障害者）を監護する法律でした。これは決して治療的なかかわりを重視したものではありませんでした。精神病者監護法の特徴として「私宅監置」という制度があります。これは、精神障害者を抱えた家族は、精神障害者を自宅に監置することができるという制度でした。精神障害者を抱えた家族たちは、とても大きな負担のなか、満足な治療を受けさせるだけの体制も整っていない時代で、症状に苦しむ精神障害者を自宅に閉じ込めておくしかなかったのです。家族自身の安全への配慮もあったと推察しますが、敷地内の納屋などに精神病者を閉じ込めておくような部屋を作りました。その部屋の多くは、格子で覆われ、衛生的にもかなり劣悪であったといわれています。東京帝国大学医学部精神医学講座初代教授で日本の精神医学の祖ともいわれる呉秀三は、弟子であった樫田五郎とともに、日本全国の私宅監置の現状を調査し、その結果として『精神病者私宅監置ノ実況及び其統計的観察』を一九一八年にまとめました。そこに書いた呉秀三の「わが邦十何万の精神病者は実にこの病を受けたるの不幸の他に、この邦に生まれたるの不幸を重ぬるものというべし」は、当時の精神障害者の置かれたあまりにも非人道的な状況を察するに余りある言葉です。この時代の精神障害者に対する処遇は、世のなかの秩序や安全を守るという治安の色が濃い政策でした。「閉じ込められる存在」である精神障害者への権利侵害はもちろん、わが国において、精神障害者が危険である存在で、治安のために監護しなければならないという施策は、今後の国民意識に大いに影響したといえるでしょう。

(2) 精神病者監護法の廃止と精神衛生法

一九〇〇年から続いた精神病者監護法は、一九五〇年に廃止され、「精神衛生法」へと改正されました。

精神病者監護法の廃止は、私宅監置制度の廃止を意味するものでもあります。わが国は私宅監置から、精神病院へ収容する道を選び、そのために精神病院を設立しやすくする政策をとりました。結果として、一九六〇年代以降、私立の精神病院が爆発的に増え、収容的な治療が進んでいったのです。さらに、一九六四年、アメリカの駐日大使であったライシャワー氏が、日本人の青年に刺傷される事件が起きました。その青年は精神科への治療歴、入院歴があったことがセンセーショナルに報道され、メディアの偏向的な報道もあり、「精神障害者を野放しにするな！」という世論が高まりました。そのなかで改正された精神衛生法は、社会復帰や社会参加の側面が影を潜め、精神障害者の治療管理の色が濃いものとなりました。ますます精神病院の閉鎖的な環境での治療という名の収容は進みます。そのようななか、当時朝日新聞の記者であった大熊一夫氏の精神病院への潜入取材を基にした『ルポ・精神病棟』は、閉鎖的な環境のなかで患者に対する非人道的な扱いを世に知らしめることになります。しかし、閉鎖的な治療環境は進み、大小の精神病院での不祥事が頻発しました。そのなかで一九八四年に明るみに出た栃木県の宇都宮病院事件という、精神病院内での劣悪な治療環境のなかで起きた患者への暴行事件をきっかけに、わが国の精神医療体制は内外からの痛烈な批判を浴び、一九八七年の「精神保健法」、一九九五年の「精神保健及び精神障害者の福祉に関する法律（精神保健福祉法）」へと変遷していきます。

(3) 精神保健法、精神保健福祉法へ

一九八七年の精神保健法、一九九五年の精神保健福祉法は、精神障害者の人権を守り、入院治療一辺倒であった精神科医療から、外来での治療の拡充、地域生活の支援という方向にかじを切るようになりました。世界的な潮流としても、ノーマライゼーションの推進が叫ばれ、障害の有無にかかわらず誰もが暮らしたい地域で暮らす、ごく当たり前の生活を送るということが推進されていきました。精神保健福祉法となってから、精神障害者保健福祉手帳制度の創設、社会復帰施設の整備（その後障害者自立支援法、現在の障害者総合支援法に定める障害福祉サービスへ移行）、精神医療審査会の拡充により権利侵害を防ぐ仕組みづくりなどが進み、実践されています。

二〇〇〇年以降、国は「今後の精神保健医療福祉の施策について」（二〇〇二年）で入院主体から地域保健・医療・福祉を中心としたありかたへの方針転換をし、当時、約七万人ともいわれた社会的入院者（入院治療の必要性は低いが、退院後の受け入れ先などの条件が整わず入院が余儀なくされている状態にある者）の退院促進と精神病床の減少を方針としました。長期入院者の生活を病院から地域へと移していく、地域移行を中心とした施策を展開しています。その結果、少しずつではありますが、精神病床への入院者数は減少してきているという状況にありますが、まだまだ諸外国に比べても精神病床数の多さ、入院期間の長さが問題とされています。

(4) 歴史が与えたわが国の精神保健医療福祉への影響

現在のわが国の精神保健医療福祉の課題は、この脈々と流れてきた歴史の上に立っているといっても過言ではないでしょう。長期入院者の退院支援が、地域移行・地域定着として制度化し、各地で取り組まれています。歴史を振り返れば、わが国の精神障害者に対する収容主義的な考え方、社会の治安を守るための保護という考え方が、国の政策のみならず、国民感情に与えた影響は想像に難くないでしょう。精神障害者に対する誤解や偏見、そこからくる差別的感情、施設と地域のコンフリクトや、必要性はわかるがうちの近くには施設を建てないでほしいというニンビズムといった問題の根底には、わが国の精神保健医療福祉の歴史が関係しています。この精神保健医療福祉の歴史の変遷が精神障害をもつ人々にどのような影響を与えているのかということを考え、ソーシャルワークの必要性に迫ってみましょう。

ソーシャルワークは、その人と環境が交互に作用しあうという視点をもちます。その人の生活のしづらさや生きづらさはその人の疾病や障害が原因であることにとどまらず、その人が暮らしている環境と大いに関係しているということは前節でも述べました。そのことを踏まえてみると、精神保健医療福祉の歴史による社会への影響はさまざまなところに出てきます。たとえば、精神病院から退院しようとしてアパートを探す人たちに対して、不動産会社やアパート経営者は「精神障害者は危ないからアパートは貸せない」「火事を出されたら困るから」などという理由でアパートの契約ができないことがあります。もちろんこれは誤解によるものですが、まことしやかにいわれる精神障害者は危険だ、何をするかわからない、という類の誤解の多くは、収容主義的な精神医療が背景にあります。また、皆さんは子ども時代に大人から「悪いことをしたら精神病院に連れていくよ」「精神病院の人が迎えに来るよ」といわれたことがあるかもしれません。これも、精神病院が怖いところで、悪い人たちがいるという意識を植え付けていきます。精神科医療が閉鎖的であることの影響でもあるでしょう。そのような社会のなかで、精神障害をもつ人たちが自分らしく、住み慣れた地域で生活していけるでしょうか。精神障害をもつ人が地域で暮らすにも、肩身の狭い思いをしている、ひっそりと暮らしている人たちは多く、そのなかで自分らしさを発揮していくこと、自分の人生に肯定的であることはなかなか難しいといえます。

そのような社会を変えていくこと、精神保健医療福祉の歴史に影響されている昨今の問題に対してソーシャルワークはどう対峙していくことが必要でしょうか。その一つに、社会に対しての正しい知識の普及が求められます。社会に精神障害の正しい理解を伝えていくことが重要です。たとえば地域住民を対象とした講演会などを開催することが考えられます。しかし、地域住民向けの講演会を開催することは大切である一方で、「精神障害を知る」というようなテーマではなかなか人が集まらない現状もあります。精神障害はどこか他人の問題で、私たちには関係のない、という市民の意識が垣間見られます。精神障害やそのことを取り巻く問題を「私たちの問題」として捉える視点を地域のなかに少しずつ浸透させていくことが必要です。どのような対象に、どのように働きかけるかを考え、参加しやすい、興味をもちやすい企画を考えていくこと、さらには企画段階から地域住民の方々に参加してもらう、さまざまな機関と協働的に取り組むというようなソーシャルワークの活動が重要となります。

また、精神病院に長期にわたり入院している方々が病院から自分が住みたい地域へ移り、そこで暮らしていくということを進めていく、「地域移行」という政策が、現在わが国では進んでいます。そのための地域生活の仕組みとして、精神障害者地域包括ケアシステムの構築の必要性がいわれています。しかし長年精神病院で過ごしてこられた方々が、国の政策だからと、すぐに地域に移れるわけではありません。長期入院を余儀なくされてきた方々は、時に「もう一生病院で過ごします」「地域で生活するのは不安なので病院にいます」といわれます。その言葉にどのような意味があるのか、どのような背景があるのかということをソーシャルワークとしては考えなければなりません。精神障害をもつ人が一生病院で過ごすという「あきらめ」をさせている社会があることを知り、そのことが精神障害をもつ人の「住み慣れた、住みたい地域で暮らす」という権利を侵害しているということを認識しなければなりません。地域移行という言葉の背景にある歴史を知り、精神障害をもつ人たちの思いややるせなさ、あきらめを知り、そしてその人たちが地域で暮らす権利をもっていることを伝えて、ともに取り組んでいくこと、それが、ソーシャルワークの役割であり、必要性そのものといえます。地域生活への移行は、障害の有無にかかわらず誰もが住みたい地域で暮らしていく権利をもっている、というノーマライゼーションという社会福祉の理念の実現そのものなのです。

2　メンタルヘルス課題とソーシャルワークの必要性

我が国の精神障害者数は精神科医療機関を受診している数として発表されます。二〇一七年のデータでは、約四一九万人ともいわれ、[2] その数は増加の一途です。この背景には気分障害や神経症性障害といった疾患での受診が増えているという特徴があります。もちろん、精神科や心療内科という医療機関が身近な地域に増え、以前に比べて受診することの敷居が低くなったことが考えられ、メンタルヘルス課題を抱えたときに一人で抱え込まず医療機関へ相談に行くということは、早期発見、早期治療にもつながり、それ自体はよい傾向であると考えます。しかし、二〇〇二年は二五八万人ということですから、精神科医療機関への受診のしやすさということを差し引いても、この増加数はかなりインパクトのあるものです。なぜここまで増加しているのでしょうか。ここでは、メンタルヘルス課題という視点からソーシャルワークを考えてみたいと思います。

人の一生（ライフサイクル）を見たときに、さまざまな人生の場面で私たちは時に精神的な健康の課題をもつことがあります。いくつか具体的な例を挙げて考えてみましょう。たとえばわが国の児童相談所における児童虐待の相談対応件数は増加の一途です。共働き家族の増加、ひとり親家庭の課題、育児不安や孤立の課題などが考えられます。親は子育てのなかで孤立や不安を抱えることもあり、理想的な育児と、実際にはうまくいかないという現状のはざまで悩むことも多くあります。「助けてほしい」「相談に乗ってほしい」といえない状況があると、子育ては家族という閉鎖的な環境のなかで行われ、課題が潜在化してしまうということが児童虐待の背景にあると考えられています。また、児童虐待の事件に対して、感情的に親を責め立てる風潮が強くなっています。インターネット、報道などでそのような風潮を耳にすると、今、子育てで悩んでいる親は相談しにくくなるでしょう。子育てでの悩みを相談できる場所をどのようにして作るか、ということと、困っているということを表明してよいという社会づくりが重要です。

労働者のメンタルヘルスの課題にも着目してみましょう。精神障害による労働災害補償状況は年々増加しています。これは働く人たちのメンタルヘルスの課題があるといえます。労働環境の変化、雇用情勢の変化、経済状況の変化により、終身雇用制は崩壊し、有期雇用、成果主義、派遣や契約社員という不安定な雇用などは、労働者のメンタルヘルスと決して無関係ではありません。このような労働における社会情勢の変化と労働者のメンタルヘルスの関係性をソーシャルワークは捉えていく必要があります。

昨今話題となっている、依存症についても考えてみましょう。アルコールや薬物、ギャンブルなどの依存症の本質は自己治療にあるといわれるように、依存症の背景にはその人の生きづらさがあり、その生きづらさを何とかひと時でも緩和しようとしていくためにその物質や行動にはまっていくということでは、表出している依存の問題もさることながら、依存が必要な背景を理解していくことが重要です。そしてその生きづらさが、その人の生活環境や、社会との関連にあることを捉えておかなければなりません。

すべてのメンタルヘルス課題を取り上げることはできませんが、共通していることは、社会との接点においてメンタルヘルス課題が出現するということです。本人の生きづらさは本人のみに帰属する問題ではなく、社会との接点を見ていく視点をソーシャルワークは大切にします。もちろん完璧な社会など存在しませんので、社会のなかでさまざまな生きづらさを抱えることはどの時代にもあることでしょう。それを信頼できる人たちに相談し、分かち合い、何とか少しずつ向き合っていくことができる社会であれば、メンタルヘルス課題を抱えたとしても、医療や福祉の出番がそう多くなく済むのかもしれません。しかし、一人で抱え込み助けを求めることができず、メンタルヘルス課題を「自己責任」と片付けてしまう社会であれば、メンタルヘルス課題は潜在化し人々が生きづらさを抱えながら生きていかなければならない社会となってしまいます。ソーシャルワークは、多様化していくメンタルヘルス課題にもきちんと向き合わなければなりません。メンタルヘルス課題がそもそも出現しないこと、少なくすることを目的に社会への働きかけを行っていくとともに、早めに相談することが可能であることや相談先があることを知らせていくこと、メンタルヘルス課題を抱えてもさまざまなサポートを受けながら生活していく仕組みを一緒に考えていくこと、精神的な健康を保ちながら、もし、それを阻害することがあれば、助けを求めていいんだよ、という社会を作っていかなければならないでしょう。そのことは、ソーシャルワークのグローバル定義にある社会への視点と関連し、ソーシャルワークの役割としても理解できる部分であろうと思います。

このように、精神障害やメンタルヘルスの課題を抱えた人と、その人を取り巻く環境という視点を捉えたときに、ソーシャルワークがなすべきことは、まだまだたくさんあります。もちろん目の前にいる、課題を抱えた人に寄り添い、話を伺い、その思いを共有すること、一緒に解決の道を探るというミクロのソーシャルワークは基本にあります。さらに、そこからその人を取り巻く人間関係や地域への眼差《まなざ》し、そしてそのような課題が出現する背景にある社会構造への働きかけというように、人とさまざまな構造に働きかけるとき、私たちの住む社会とそこに住む人たちを支え、手助けし、その人の持ち味を引き出しながら、しかしその人の自分らしい生活を阻害する地域や社会の構造に働きかけていきます。それでも常に立ち位置は精神障害をもつ人の傍らであり、生きづらい社会に生きる人たちとともに活動することがソーシャルワークの必要性といえるでしょう。

Ⅲ　精神保健福祉士とは何か

1　精神保健福祉士という資格の成り立ちと背景

ここまで、ソーシャルワークは何かということから、現代社会におけるソーシャルワークの必要性について論じてきました。この節では、ソーシャルワーカーの資格の一つである精神保健福祉士について、その成り立ちから理解を深めていきましょう。

わが国の精神保健福祉領域におけるソーシャルワークの始まりは、一九四八年に千葉県の国立国府台《こうのだい》病院《びょういん》に配置された社会事業婦が最初であるといわれています。それから国公立の病院を中心に少しずつ配置が進み、一九六〇年代以降の私立精神病院の増加により、民間の精神病院へも配置が進みました。しかし、法的な配置義務はなく、どちらかというと、マンパワー不足を補うための方策として「何でも屋」「便利屋」などといわれ、先達たちは、閉鎖的な精神病院のなかで実践を積み重ねてきました。一九七〇年に谷中輝雄が埼玉県大宮市（現、さいたま市）で始めた「やどかりの里」や、一九七一年の川崎市社会復帰医療センターの設立など、病院から地域へ、という流れが見られ、そのための取り組みも始まりましたが、残念ながら広がりはあまり見られませんでした。そのようななか、精神病院における閉鎖的な空間による不祥事にPSWが加担していた事実も報道などで明るみに出て、PSWの存在意義を問うようなことも頻発したのです。Y問題はそのようなときにおこりました。当時受験を控えて家族関係のなかで悩みを抱えていたYさんの現状に悩んだ親御さんが精神衛生センター（現、精神保健福祉センター）に相談したところ、入院の必要性をPSWに伝えられました。父親は後日断りの連絡を入れたものの、PSWはYさんを病気として疑わず、精神衛生センター、保健所、警察で訪問し、Yさんが拒否したため、拘束し精神病院へ移送するという事態になりました。病院ではPSWの面接記録と紹介状から、精神分裂病（現在は統合失調症）と診断し、そのまま父親の同意による入院となったという事件です。Yさんと家族は、病院と行政を相手取り不当な人権侵害に対しての訴えを起こしました。Y問題を受け、当時の日本精神医学ソーシャル・ワーカー協会（現、公益社団法人日本精神保健福祉士協会）は、Y問題はどのPSWにおこりうることとして、PSWの役割と存在意義を問い続けました。活動は混乱を極め、約一〇年間の低迷期を経て、PSWの専門性とは何かということを追求する機会となりました。一九八二年の第一八回日本精神医学ソーシャル・ワーカー協会全国大会において、「札幌宣言」が採択されました。そこには、PSWは「精神障害者の社会的復権と福祉のための専門的・社会的活動を進める」という専門職であると明記され、この宣言は現在に至るまで継承されているPSWの活動の指針となります。

精神保健福祉士という国家資格は一九九七年一二月に誕生しました。前述の通り、精神障害をもつ人を医療が必要な人という捉え方をしていたところから、医療・保健・福祉にまたがるかかわりの必要性と、障害者福祉施策として精神障害者への対策が位置づけられたことに相まって、この資格が誕生しました。同法案の提案理由として「精神障害者の社会復帰に関する相談援助業務に従事するものとして精神保健福祉士の資格を定める」とあります。現在の精神保健福祉士は精神障害者の社会復帰という従来の役割に加え、広く国民のメンタルヘルスの保持増進のための専門的役割を担う専門職としても期待されています。活動領域も多岐にわたり、従来の精神科医療機関、精神障害者を対象とした福祉施設だけでなく、司法、教育、就労支援、災害支援などさまざまな分野で活躍しているのです。

2　精神保健福祉士としての視点と専門性

精神障害をもつ人が私たちと出会うときの多くは何らかの生活課題を抱えています。精神保健福祉士はその生活課題を捉えつつ、その課題の背景を理解していかなければなりません。表面的な問題のみではなくその背景を理解することで、その問題を構成するさまざまな要素が理解でき、問題を重層的に捉えることができるからです。そのときの問題の捉え方として、治療モデル、生活モデル、ストレングスモデルがあります。治療モデルは、問題の原因を直線的に探っていく視点を強くもちますので、原因と結果を単純化して捉えやすい一方で、微視的視野に陥りやすいということがあります。生活モデルは人と環境との全体関連を見ますので、人だけでなく、その人を取り巻く環境との関係を捉えていく視点です。ストレングスモデルとは、その人の強みや得意なこと、持ち味を捉えていく視点です。これはその人が「問題を抱えている人」という視点にとどまらず、さまざまな持ち味と可能性をもった人という捉え方をしていきます。精神保健福祉士はこの三つの視点をもちながら、精神障害をもつ人を捉えていきます。このモデルという考え方は、「光の当て方」というとわかりやすいでしょうか。どの方向から光を当てればどのように見えるだろうか、という多角的な見方からその人とその人のもつ問題を捉えていく視点を重視します。

さらには、ミクロ、メゾ、マクロの視点です。これはⅠ節でも述べてきたように、ソーシャルワークの構造的な視点のもち方として、人だけでなく、その人を取り巻く環境や関係性、その人が所属する集団や地域、その人が生きる社会の構造や政策などを、あくまでその人の傍らに立ちながら見る視点です。このような構造的な捉え方は、ソーシャルワークがその人に対するかかわりというミクロの視点にとどまらないことを指しています。精神保健福祉士はあくまで「ソーシャル」な面に着目し、人と環境、そして社会への構造的な働きかけを行う専門職でなければなりません。

そのために必要なのが「ソーシャルワークアセスメント」です。その人の全人的理解をしていくために、精神保健福祉士とその人とのやり取りのなかで情報収集を行い、得られた情報から仮説を立てながらさらに情報とつなぎ合わせていき、一定の理解を仮説としてもち、それをクライエントと共有することが求められます。その際にはその人の生活課題にとどまらず、その背景、クライエントの感情、取り巻く環境との関係性、社会構造との関連に至るまであらゆる視点からクライエントを理解していく姿勢が求められます。しかしそれは精神保健福祉士の一方的な解釈になってしまってはいけません。あくまでクライエントの話を聞き、その話から得られた精神保健福祉士としての理解と解釈をクライエントに伝え、それがクライエントから見た世界と合致しているかどうか、ということをクライエントと確認しながら共有されるということが必要です。あくまでクライエントから見た世界を尊重し、クライエントはどう思っているのか、どのように解釈しているのかを共有していくことが求められます。その共有の繰り返しによりクライエントの全人的理解は促進されていくのです。それがなければ、さまざまな資源の活用はできません。まずは理解すること、その理解をする際の視点についてソーシャルワーカーとしての精神保健福祉士の視点を醸成していくことが求められているのです。

注 二〇〇六年に「精神病院の用語の整理等のための関係法律の一部を改正する法律」の成立により、それ以降従来の精神病院は精神科病院と表記されるが、文中では時代背景も踏まえて「精神病院」と表記している箇所がある。

引用文献

(1) 国際ソーシャルワーカー連盟「ソーシャルワーク専門職のグローバル定義」https://www.ifsw.org/wp-content/uploads/ifsw-cdn/assets/ifsw_64633-3.pdf（二〇一八年八月一日閲覧）
(2) 厚生労働省『二〇一七年患者調査』

参考文献

・社会福祉専門職団体協議会「ソーシャルワーク専門職のグローバル定義と解説」https://www.jacsw.or.jp/06_kokusai/IFSW/files/SW_teigi_01705.pdf（二〇一八年八月一日閲覧）
・精神保健医療福祉白書編集委員会『精神保健医療福祉白書二〇一八/二〇一九』中央法規、二〇一八年
・日本精神保健福祉士協会五〇年史編集委員会『日本精神保健福祉士協会五〇年史』日本精神保健福祉士協会、二〇一四年
・大谷京子・田中和彦（二〇一八）『失敗ポイントから学ぶＰＳＷのソーシャルワークアセスメントスキル』中央法規出版

PSWからのメッセージ③

旅の途中に

ずっと居場所を探していました。
大学も第一志望はダメ、就職試験も落ちまくり、積極的に福祉を志したわけでもなく、資格取得も通信で…と様々なコンプレックスもあり、勤務先の病院では人一倍業務をこなしていました。求められるがまま、時にはクライエントや家族をコントロールしたことも。確かに精神保健福祉士という国家資格は持っていましたが、私の実践にソーシャルワークはありませんでした。「その人らしく生きる」と言ったところで、誰よりも私自身が自分らしく生きられていませんでした。何より孤独でした。そのことに気付いたとき、初めて私のソーシャルワークが始まりました。『HARP《ハープ》（北陸アディクションリカバリーパートナーズ）』を立ち上げ9年になりました。学生時代に出会っていたDARC《ダルク》（薬物依存回復施設）の居心地の良さ、そこに惹かれ集う人々が立場を問わず心地よい距離でつながり、悲喜こもごもをわかちあったあの雰囲気。北陸でもアディクションを切り口に、自分らしい生き方を模索する多彩な仲間たちが既存の枠組みを超えて連携し、自由な発想で新機軸を創造できないかと様々な試みを続けています。すべての「私」に仲間の力になる機会と能力があり、その立場・役割は時と場合によって臨機応変にか（変・代・替）わりうる、そう考える『HARP』の活動は実に自由気ままでゆるやかで、どこからともなく仲間が集まり、何より私の格好の居場所となりました。「居場所があって、仲間がいること。」長い長い回り道をしましたが、ようやく「その人らしく生きる」ことにかかわるソーシャルワーカーとしてのスタートラインにつけたような気がしています。

西念　奈津江（岡部診療所：石川）

PSWからのメッセージ④

人権制限を解くためのスペシャリスト

これから精神保健福祉士を目指す方々に、知っておいていただきたい事実は、日本の精神科医療は世界でも特異な大規模病床や入院長期化を今も残しているという現状です。その日本独自の構造の中でのPSWは立ち位置やアイデンティティに葛藤を抱え、今もなお模索している専門職だと言えます。対象となる人たちの自由と制限に関する判断、権利擁護に対して、どう向き合ってきたかが、Y問題のようなこの専門職のトラウマであり、世界のメンタルヘルスソーシャルワーカーと異なる部分ではないかと感じています。私は、医療観察法というわが国初の司法精神医療に携わっています。この法律は欧米で先行して取り組まれてきたグローバルスタンダードに近い構造をもっています。具体的には、「人権を制限する判断は（一時的に医療が優先される場合を除く）原則司法が行うものであること」や、その判断には、「医学的判断だけでなく、環境要因が重要視されること」があります。医学的な治療で改善されない部分やその人の能力を超えた課題は、援助も含めた周辺環境の調整によってカバーすることが可能であるからです。そのため、医療観察法の審判では裁判官と精神科医に加えて福祉の専門家としてPSWが関与し、判断していきます。精神保健福祉士は精神科医療の特性から非自発的入院などの必ずしも本人の意思に沿わない場面にかかわることも多く、本来であれば司法が判断すべき人権制限であることや、医学的判断だけでなく、環境調整のもつ責任を常に認識し、どの職種よりも研ぎ澄まして、また司法・法律関係者とコミュニケーションする機会があれば積極的に学び、不当な人権侵害があれば制限その解除のためのノウハウを駆使できる、そんなエキスパートになっていただきたいです。

高平　大悟（金沢保護観察所：石川）

精神・発達障害のある人①

精神保健福祉で働くことをめざす人への手紙

私は精神疾患をもつ当事者で、精神疾患をもつ配偶者と暮らす家族でもあります。

皆さんにはこの分野で働く上で、またその仕事をめざす上で、私たち当事者や家族の希望を応援し続けてもらいたいと思っています。希望という言葉が、私たち当事者や家族のキーワードです。

目の前の人の希望に寄り添い、共に考え、それを応援し続けることができる仕事。希望ばかりでなく、本当に困っている時には私たちは、支援を求める力、支援を受ける力がなくなる時もあります。そんな苦しみに寄り添い、見守り、私たちが支援を求める力がない時には少しおせっかいをしてくれる人。そんな人たちが私の周りにはたくさんいるような気がします。そんな人の間で私の希望は少しずつ変化しながら、波乱万丈の人生を歩んできました。

頑張りすぎちゃってとにかくそれをやり遂げないと、目の前にいる人の困りごとが解決できない。だけれども自分が苦しすぎるという場面が対人支援の仕事のなかでは、必ずあると思います。そんな時に、皆さまのお役に立てるのは、いつも支援を受けている私たち、当事者や家族なのかもしれません。私たちは支援を求めることや受けることが、皆さまより上手なのかもしれないんです。そんなわけで、にっちもさっちもいかない、疲れ切ってしまった時、私たち受援力が高い人に頼ってみてください。それが生きる上で、何かのヒントになるかもしれないし、将来の仕事の上でも役に立つ時が来るかもしれません。私たちも皆さんもどちらも、まずは人間ですから。

宇田川　健（地域精神保健福祉機構・コンボ　共同代表：千葉）

精神・発達障害のある人の家族③

回復に響いたソーシャルワーカーの言葉

今も、心に残るお二人の言葉があります。

アルコール専門病院のソーシャルワーカーの言葉、夫四一歳の時、家族へ「アルコール依存症者は節酒できません。断酒することしかありません。退院後は断酒会に出席して、家族は自分の嫌だったこと・辛かったこと・怒りの想いを！　酒害の体験談を語ることが、病気の治療で、断酒できる道です」と。私自身が病気とは思わず、意志の弱い人間だと思っていました。隠れ飲みが始まり、隠してある場所をメモまでする夫にあきれるばかり。そんな生活から娘は、自分のおふとんに隠しておいたビニール袋を出して「お母さんこれ！」と差し出す袋の中には、紙パックのお酒。私は、娘に「探しておいてね」と一度も頼んだ覚えがなく、父親を監視して、頼まれもしないのに母親と同じ行動をしていたこと。あの時の娘の淋しそうな顔は覚えていますが、自分がどんな顔して受け取ったかを未だに思い出せません。

もう一人のソーシャルワーカーの講演で聞いた言葉です。「一緒に生活している子供たちへの連鎖から大人になった時に生きづらさの原因となる可能性があります。そのためにも断酒会に参加して、酒害の体験談を語ることの意味があります。飲んでだらしない父親の姿と、そのそばで母親が、ガミガキいう声も嫌だったんです」。この言葉を聞き子供への影響も大きかったことに気づくことができました。

一人が飲むお酒で、家族は巻き込まれて異常な生活をしてきました。今も「酒害を語りなさい」の言葉を忘れていません。夫！　現在六二歳。語り続けることで、本人と家族の心の回復が見えてきています。

林　啓子（知多中部断酒会：愛知）

第三章　精神保健福祉士の活躍の現場

Ⅰ　精神科医療現場の精神保健福祉実践

精神科病院の精神保健福祉実践

牛場　裕治（総合心療センターひなが）

1　はじめに

私が勤務する精神科病院は一九五六年開設の精神科単科の病院です。デイケア、訪問看護ステーション、相談支援事業所、グループホームがあります。ＰＳＷは法人内に複数いて、病棟担当、外来医療福祉相談室、地域連携室、デイケア、相談支援事業所、グループホームにそれぞれ配属されています。

私は二〇一三年に入職し、当時一〇人以上の先輩ＰＳＷがいて、ＰＳＷ業務もほぼ確立されていました。そのため、〝ＰＳＷとは何をするひとか〟と自問自答する間もなく業務が与えられてきました。本項ではそんな私のＰＳＷ業務を振り返り、精神科病院におけるソーシャルワーク実践として皆様にお伝えしていきたいと思います。

2　精神科病院におけるＰＳＷの業務

精神科病院のＰＳＷ業務は多岐にわたります。私はこれまで急性期、社会復帰、慢性期の病棟担当ＰＳＷとして入院から退院までのチームアプローチに基づく支援、訪問看護、リハビリテーションプログラムにおけるグループワーク、地域におけるネットワーク作りなど幅広い業務を経験させていただきました。病院の機能特化、院内の機能分化が進み、配属される部署によって業務も専門特化されてきています。また、昨今、メンタルヘルスの問題が多岐にわたり、精神疾患とそのほかに多様な課題を抱えた人が精神科病院を利用するようになってきたことで、ここ数年においても精神科病院のＰＳＷ業務の変遷を感じます。

支援する方の抱える課題はさまざまですが、精神科病院においてＰＳＷが存在する意義は「すべての人に等しく医療を受ける権利を保障し、その人にとってのより良い生活の実現にむけて必要な支援を提供すること」だと思います。

図表３－１に日本精神保健福祉士協会が定めた医療機関の精神保健福祉士の業務があります[1]。当院の業務も基本的にはこれらの業務分類を参考に集計しています。

【総論】業務分類（24業務）

1．個人に対する業務
1 所属機関のサービス利用に関する支援
2 所属機関外のサービス利用に関する支援／情報提供
3 受診／受療に関する支援
4 所属機関のサービス利用に伴う問題調整
5 療養に伴う問題調整
6 退院／退所支援
7 経済的問題解決の支援
8 居住支援
9 就労に関する支援
10 雇用における問題解決の支援
11 教育問題調整
12 家族関係の問題調整
13 対人関係／社会関係の問題調整
14 生活基盤の形成支援
15 心理情緒的支援
16 疾病／障害の理解に関する支援
17 権利行使の支援

2．集団に対する業務
18 グループ（集団）による支援・グループワーク
19 セルフヘルプグループ・ピア活動への側面的支援
20 家族への支援

3．専門職（精神保健福祉士）における業務
21 スーパービジョン

4．所属機関に対する業務
22 組織活動／組織介入

5．地域に対する業務
23 地域活動／地域づくり

6．社会に対する業務
24 政策分析／提言／展開

図表3－1　精神保健福祉士業務指針及び業務分類
出所：日本精神保健福祉士協会『精神保健福祉士業務指針及び業務分類第2版』日本精神保健福祉士協会より

3　生活歴の聞き取りの大切さ

当院では初めて入院する方のご家族から生活歴の聞き取りを行う業務があります。三〇分から一時間ほどかけてご家族と面談し、入院の経緯、これまでの生活歴、家族関係、関係機関とのかかわり、制度利用状況などを聞かせていただき、それを医師、看護師と共有するという仕組みとなっています。入職当初はそれを業務として与えられていたので、機械的に聴取をしていたように思います。「こういうきっかけで病気になったのか」などと医療の視点で生活歴の聞き取りをしていたことが多かったように思います。しかし、今思えばそれはPSWの業務であってもソーシャルワーク実践とはいえなかったのではないかと、考えています。

生活歴の聞き取りをＰＳＷが行う理由は、ご家族との面談を通してご本人の人となりを知ること、そして、今の本人と周囲との関係の在り方とその成り立ちを聞かせていただくことで、地域で生活をしていたご本人を丸ごと理解しようとすることだと思います。今は私は生活歴の聞き取りをさせていただくときはなるべく先入観をもたずに話を聞くことに努めています。精神疾患を発症して入院した方という思い込みで聞いてしまうと、どうしてもその発症の原因になったであろう出来事や状況などを探してしまいます。それは医療機関で働く専門職としては大事なことなのですが、私たちＰＳＷがすることは「どうして病気になったのか」を明らかにすることではなくて、その人が何を大切に、どういう夢や希望、目標があって、何をよりどころにして地域で生活してきたのか、生きてきたのかを明らかにすることだと思います。そこに精神疾患、精神障害という生きづらさが加わり、希望していた生活にどういう影響があるのか、病気や障害がありながらもこれからどういう生活を送っていきたいと考えているのか。それらをご家族、ご本人からきちんと語っていただく場を作り、生活者としてのその人を医療チームの他職種に理解してもらうことが入院時に生活歴の聞き取りを通してＰＳＷが果たすべき役割だと思っています。

4　社会復帰・地域移行への取り組みから学んだ当事者の視点の大切さ

社会復帰の支援機能をもつ病棟での退院支援にもかかわらせていただき、精神科病院で一〇年、二〇年入院している方が退院し、地域生活へ移行していく瞬間にも立ち会わせてもらいました。

長期入院している方のなかには精神科病院に入院していることが当たり前に思っている人もいて、私が「退院しませんか?」「退院したいと思いますか?」と声をかけても前向きな返事が返ってこないこともあります。働き始めたころの私はそれをそのまま「ご本人の思い」として受け止めていました。資格取得のため、精神医療の歴史やそれに翻弄され続けてきた精神障害者のことを学んではいましたが、当時の私はそういった精神障害者が置かれてきた状況をきちんと理解していなかったのだと思います。そんな私がPSWとしての存在価値を強く意識するに至った出来事が長期入院をしていたAさんの退院支援を通してのことでした。

Aさんは一五年ほど病院に入院をしていました。とても礼儀正しく、私の顔をみたらいつも丁寧に挨拶をしてくださる方でした。その当時退院促進支援事業という国のモデル事業を引き受けていた経緯で、私の配属された病棟全体で退院促進・地域移行に積極的でした。私も病棟で何人かの方の退院支援をさせていただき、部屋探し、退院する施設探し、地域の支援者との連絡調整、新しい生活の準備、医師や看護師との協働などを経験し、「自分にも退院支援ができるようになってきた」と少し自信をつけていたころでした。そんななか、Ａさんの担当看護師からＡさんが退院できそうということを聞き、Ａさんと何度も面談をして退院支援を担当することに同意してもらいました。退院支援の一環で、住居を探すことになったとき、不動産会社から二回続けて精神障害のある人という理由で大家さんから入居を断られました。私が「気を取り直してまた新しい部屋を探しに行きましょう」とＡさんに声を掛けたら、「もういいです、自分が退院なんて無理だったんです。もう部屋探しはしたくないです」とＡさんは泣き出してしまいました。その時私は一番大事にしなくてはいけないご本人の気持ちを置き去りにしていたこと、医療者主導で話を進めてしまったこと、自分たちが支援と思ってしていたことで本人を傷つけていたことに気づきました。Ａさんを通して、歴史に翻弄され今もなお存在する差別偏見にさらされる精神障害者の立場を理解することになり、同時に社会に対する違和感も覚えました。そのことを通じて、ソーシャルワークの価値、原理原則のなかで大切といわれて覚えてきた「自己決定」や「当事者主体」、「エンパワメント」などを、なぜそれが必要なのかということまで理解できていなかった自分に気づきました。

退院支援・地域移行をするにあたって、資源や多職種の協力は大事です。それを発見し、チームワークや、ネットワークを作ることはＰＳＷの大事な役割です。ですが、そこに、当事者の視点が抜け落ちるとそれはただの業務（技術だけ）となりソーシャルワーク実践とはいえないのではないかと私は思います。

5　病院のなかから地域でのネットワークづくり

病院として広く地域の若者のメンタルヘルスを支援する取り組みを行うこととなり、その担当者になりました。精神科医療を受診する前段階の方が支援の対象です。そのため、医療機関だけでできることは少なく、地域の保健所、そして教育委員会と協働して事業を実施することになりました。(2)

結果としてそれは「YESnet：四日市早期支援ネットワーク」として広く地域のメンタルヘルスを抱える若者や、学校関係者を支援する仕組みとして機能することになったのですが、作り上げるまでが大変でした。病院としての方針を確認するという病院内部の調整から始まり、他機関と目的を統一し、相互に役割を理解しあい、協力体制を組んで、それを維持していくこと、それら連携協働のプロセスを一つひとつ丁寧に行い、繰り返していくことでできた取り組みでした。当時は自分のしていることがよくわかりませんでしたが、後に振り返ると、それまでの本人を直接支援するばかりのいわゆるミクロレベルのケースワークではなく、院内部署間の調整や他機関調整を通して、地域のメンタルヘルス支援の一つの仕組みを作ったということで、メゾ、マクロレベルに及ぶコミュニティソーシャルワーク実践にも通じるものだったのではないかと自分のなかでその取り組みを位置づけられたのです。

こういった経験をさせていただいたため、その後地域自立支援協議会に病院ＰＳＷとして参加し、地域における当院の役割を意識した活動につなげることができるようになってきました。

6　おわりに〜大切に思うこと〜

こうやって私は病院内で、少し病院からはみ出しながら、ソーシャルワーク実践を経験させていただき、ＰＳＷとして成長をさせていただきました。振り返ると、対象者さんから教えられることばかりでした。その教えを私の理解にまで導いてくれたのは病院内の先輩方や同僚、そして地域の、全国のＰＳＷの仲間でした。精神科病院で勤務するＰＳＷは医療チームの一員としての位置づけとなり、多くは少人数の職種だと思います。他職種職員に生活者の視点で捉えた本人を強く意識してもらうようになかなか発信する役割がとても重要です。ですが、他職種との視点の違いがあるからこそ孤立しがちです。だからこそ、病院内外に自分の理解者を作り、助け合い、苦労を分かち合い、自分たちの業務をソーシャルワーク実践として振り返ることがとても大事なことだと思っています。

注

（1）日本精神保健福祉士協会『精神保健福祉士業務指針及び業務分類第2版』日本精神保健福祉士協会、二〇一四年
（2）宮越裕治・藤田真梨・井倉一政「教育・保健・医療の連携による思春期精神保健の取り組み YESnet（四日市早期支援ネットワーク）の実践を通して」『保健師ジャーナル』七〇（九）、二〇一四年九月

精神科診療所の精神保健福祉実践

知名　純子（まるいクリニック）

1　はじめに

「つらい経験をした人ほど、ソーシャルワーカーに向いていると思う」とベテランＰＳＷに励まされたのは、私が大学生の時です。少々複雑な家庭環境で育ったこともあり、自己肯定感が低かったこともあり「劣等感ばかりの私に、ソーシャルワーカーの仕事が向いているとは思えない」と不安を伝えたときに、かけていただいた言葉です。

(1)　介護福祉士から社会福祉士、精神保健福祉士へ

福祉に興味をもったのは高校一年の夏に、祖父が脳卒中で倒れたことがきっかけでした。入院中の祖父を見舞った際の光景には目を疑いました。意思の疎通が取れない状態に加え、祖父の両手足はベッドに拘束されており、両腕の内側は広く紫色に腫れ上がっていたのです。祖父は血管が細いため点滴の針が入りにくく、痛みを感じやすいようでした。そのため無意識に針を抜く行為を繰り返した結果、身体拘束を余儀なくされました。担当看護師は「何度も点滴を外されて迷惑してます」とイライラしていました。耐えがたい痛みに、唸ってもがいている祖父の姿は、見るに堪えがたく、同時に大好きな祖父を粗末に扱われたことに、怒りで涙が止まりませんでした。この出来事をきっかけに、介護の仕事に関心

をもったのが、社会福祉への興味の始まりです。短大の介護福祉課程では「とにかく体験しなさい」と教わりました。車いすで街に出ると、移動の不便さ以上に街行く人の反応が苦痛で、横目で観察されたり、「若いのに可哀想」と囁かれたことが、屈辱的でした。ミキサーでドロドロにした食事を、同級生同士で介助し合う体験もしました。食事介助は得意でしたが、される側になると、決して美味しくはないミキサー食を飲み込むことが苦行でした。成人用オムツが配られて「明日までにオムツに排泄して」と宿題が出た時には、教室は大騒ぎになりました。しかし「たった一度、排泄することに抵抗があるのに、なぜ寝たきりの高齢者には当たり前のようにつけさせるのか」と問われ、言葉がありませんでした。学んでいたはずの傾聴・受容・共感の重要性を、真の意味で理解することの難しさを痛感し、その後、大学への編入を経てＰＳＷの仕事に出会ってからも、何度となく思い返しています。

(2) 共感の難しさ

私が複雑な家庭環境を体験したからといって、必ずしも似た境遇のクライエントの気持ちを全部理解できる訳ではありません。まして統合失調症や気分障害、発達障害等による生きづらさは、その立場にない人には理解できないでしょう。簡単には理解できないからこそ、私たち支援者は想像しなければならないし、わからないことはクライエントに教えていただくことが必要です。そして「どんな気持ちや思いも私は受け止める準備があります」という姿勢を伝え、相談相手として認めてもらう努力をすることが不可欠です。経験は貴重ですが、一方で、自分の尺度でクライエントの気持ちをわかったつもりになってはならないと感じています。

2　精神科診療所の役割

私が勤める医療法人は五階建てのビルで、外来診療、精神科デイナイトケア（以下、ＤＮＣ）や訪問看護ステーション、就労移行支援、相談支援に取り組んでいます。一九九七年の開院当初は外来診療のみでしたが、多様化するクライエントのニーズに対して、地域の社会資源だけでは量・質共に十分ではなかったことから、「足りないものは自ら作ろう」と事業を展開してきた、いわゆる「多機能型診療所」です。ＤＮＣや訪問看護の充実は、質の高い医療を継続的に提供するだけでなく、新規入院、再入院の防止につながり、就労支援はクライエントの将来への選択肢を広げることを可能にしています。各事業の連携により、医療・福祉の両面からの支援をより具体的にスムーズに実現できるようになりました。たとえば引きこもっているクライエント宅への訪問からスタートし、ＤＮＣの見学・通所につながったり、長年ＤＮＣに通っていたメンバーが、就労支援の取り組みを目の当たりにできたことで、ステップアップを決断できるようになる等、これまで、提供する側の都合と限界でぶつ切れにしていた支援を、ゆるやかなスロープでつなぎ移動しやすくしたイメージです。

3　診療所におけるＰＳＷの役割

医療機関である診療所は、医療職を中心とした専門職の集まりであり、医療、治療、リハビリテーションに軸をおいている場です。そんな医師、看護師、作業療法士、心理士がそれぞれの分野の確立した専門性を発揮する医療機関において、ＰＳＷにはどんな活躍が期待されているのでしょうか。

私はＤＮＣと相談支援事業所でＰＳＷを務めているため、サービス等利用計画の立案や、外来のインテークやケースワーク、訪問支援、入退院時の調整、ケア会議や地域のネットワーク会議への出席、実習指導等も業務として行っています。ＤＮＣでは看護師、作業療法士、心理士と共に、プログラム運営をしたり、メンバーと自由な会話をして過ごしているため、実習生は「精神保健福祉士の専門性がわからない」と戸惑うこともしばしばですが、デイプログラムの運営や事例検討において、時には短時間での情報のやり取りにおいても、職種の特性に基づいた意見交換を行うことで、クライエントの課題をより多面的に捉えることが可能になっています。

(1)　ＤＮＣでみえてくること

ＤＮＣにはさまざまな効果が期待できますが、ここではＰＳＷとして感じた意義についてお話しします。新しい女性メンバーの担当になった私は、個別面接で悩みや今後の希望について話を聞きました。彼女は一般就労を希望していること、どの職場に行っても長続きしないこと、女性の同僚に嫌われやすいこと、を話してくれました。礼儀正しく、控えめながら丁寧な話し方での彼女が、なぜ同僚の女性に嫌われるのか、と私には不思議に思えたくらいです。しかし、数日のうちに彼女の課題が次々に表面化しました。当初は友達を作りグループになって楽しんでいた彼女でしたが、翌週には「Aさんに挨拶を無視された」「AさんとBさんがおしゃべりに夢中で、私が入れない雰囲気を作っている」「やっぱり私は嫌われている」と言い出したのです。実際には、彼女はまったく嫌われてはいませんでしたが、彼女は「なぜ私を信じてくれないの」とスタッフにも怒りを向けました。ある日、症状が不安定なCさんが、彼女に対して怒鳴ってしまいました。Cさんが不調であることは、誰の目にも明らかでしたが、彼女は「なぜ私がこんな目に遭わされないといけないのか」と再びスタッフに怒りを向けました。ほんの二、三ヵ月の間の出来事でした。私が当初の面接で抱いた彼女の印象と現実との差に衝撃を受け、自身のアセスメント力の低さに落胆しました。けれど、DNCという集団の場がなければ、彼女の課題に気づくのにさらに長い時間を要し、支援は遠回りすることになったでしょう。

(2) 多職種連携に必要なこと

ＰＳＷは日常生活、社会生活をベースにして自己決定を支援したいと考えますが、他職種では健康や安全、成長や改善を重視することもあり、意見が噛み合わないことがあります。それぞれ受けた教育も学んだ知識も異なるので、意見の相違があるのは当然でしょう。連携の鍵は、他職種の専門性を尊重しつつ、ＰＳＷとしての支援の見立てやその意義を理解してもらうために議論を避けないことです。たとえ考えや方法は違っても、支援者としてクライエントを大切にしたい気持ちは共通しています。PSWの専門性を理解してもらうためには、まず他職種がどのような専門性の上に支援を展開しているのかを、こちらも理解する必要があります。相手を理解することなしに自己の主張をしても、溝は深まるばかりです。残念ながら、職場に多職種が揃っていれば包括的支援ができる、というわけではありません。それぞれの専門職種が、他者を理解し協力することで、質の高い連携を創り出せるよう努力して、初めて連携は実現します。

(3) 相手を理解するということ

約一五年前、診療所は、マンションの一室から現在のビルへ移転しました。地理的には歩いて一〇分ほどの場所ですが、行政区が変更になりました。悪い予想が的中し、転居前には新しい町内会から「精神科には来て欲しくない」と反対の声が上がりました。「小学生の通学路が使えなくなる」とまでいわれ、精神科への偏見の強さに、やるせない気持ちになりました。そんななか、町内会から「説明に来て欲しい」と話し合いの場を設けてもらえたのです。さて、どうすれば町内会を説得できるのでしょう。経験したことのない状況に、移転自体が白紙にもどるのではないか、と毎日が不安でした。説明会には精神科医である院長と私、さらに年下の女性PSWの三人で赴くことになりました。何度も作戦会議を開き、問答集を作り、大量の資料を人数分準備して当日を迎えました。会場の小さな喫茶店には、一〇名の背広の男性が横一列に並んで座っていたので、私たちの緊張はより一層高まりました。さて、その後話し合いはどうなったと思いますか。まず院長が短い挨拶をした後、いざこれから議論が始まるのだと身構えたのですが……。なぜか町内会の皆さんはニコニコしています。そして、年間行事について話してくださり、「是非参加したらいいよ」と誘ってくださったのです。説明は、まだ一切していないのに。あっけに取られていると、会長さんが説明してくれました。実は、精神科診療所は、叫んで暴れる患者を屈強な男性看護師が複数人で押さえつけて注射を打つような所だと思い込んでいたそうです。それで町内が大騒ぎになったのだと。「でも、こんな若い女性（当時は私も若かったのです）が働ける職場なら何の心配もない」と。無事に話し合いは終わり、少々拍子抜けではありましたが、めでたく移転することができました。この経験から、支援者として当然のことでも、地域の人にはまったく浸透していないことも多いのだと実感しました。説明会の開催によって、町内の方と顔の見える関係になり、相手が何を不安に思っているのかを受け止める機会を得られたのは幸いでした。もし、こちらが「障害者の権利を侵害しないで」と正面からぶつかっていたら、結果は大きく違っていたかも知れません。他職種との連携と同様、まず協働したい相手を理解すること、話し合いから逃げないこと、の重要性について再確認した出来事でした。

4　実践のなかで考えたこと

(1)　ソーシャルワーカーはＡＩに勝てるのか

オックスフォード大学の准教授が発表した論文では、「コンピューターが代行できるか否か」という視点で、職業をランキング化しました。そのなかで「メンタルセラピスト」「ソーシャルワーカー」等が、技術革新が進んでもなくならない職業の上位にあがり、話題になりました。ＰＳＷとしてほっと胸をなで下ろしたい一方で、「本当に私の働き方でＡＩに勝てるのだろうか」と自問しました。たとえば、情報提供はソーシャルワーカーの役割の一つですが、時に方向指示器のように情報を提供するだけのソーシャルワーカーもいるようです。役所で「詳しく書いてありますから」と冊子を渡されただけ、というクライエントは少なくありません。事業所の職員に障害年金について尋ねたら「よく知らないので年金事務所に行って」と地図を渡された、とか。ネット検索をすれば最新の情報が簡単に手に入る時代です。私たちがＡＩを超えるには、クライエントへの情報提供の目的と必要な情報量を吟味したうえで、相手が理解できるように工夫して伝える必要があります。情報は不足してはいけませんが、過剰だと逆に相手を混乱させます。書類だけを渡しても、かえって不安にさせてしまうことが多いのです。他にも「あなたはどうしたいですか?」「あなたのことなので、自分で決めてください」とだけ繰り返されて、何のアドバイスももらえなかったと嘆くクライエントもいました。自己決定を尊重することの意味を捉え違えているのかもしれませんが、このような対応ならＡＩに完敗です。

最近のスマートフォンには人工知能で質問に答えてくれる、音声アシスタント機能が付いています。数年前、新しいスマートフォンを購入した私は、この機能に興味津々でした。「お腹減った」と声をかけると、即座に「この近くの飲食店は一〇軒です。その内半径二〇〇メートル以内は四軒です」と店舗の情報を提示します。さて、もし感情的な質問をしたら音声アシスタントはどう答えるでしょう。私は、クライエントが孤独感にさいなまれたとき、しばしば表現される「寂しいです」という言葉を、そのまま音声アシスタントに伝えてみました。どんな返答があったと思いますか？

――「歴史上の偉大な人物はみんな孤独だったそうです。あなたはその仲間ですね」。

粋な答えだと思いませんか。もちろんＰＳＷとして、実際にクライエントにこんなアドバイスはしません。でも、これ以上の「相談して良かった」と思ってもらえる対応が、自分にはできているのだろうかと考えさせられました。ちなみに最近の音声アシスタントに「寂しいです」と話しかけると、概ね次のような答えが返ってきます。

――「私でよければ、何でもお話しください」。

(2) 支援に欠かせない医療的視点

「どうしたら友達ってできるでしょう……」「デイケアで友達と呼べる人が一人もいないんです」とあるデイメンバーがため息まじりにつぶやきます。肩を落として、背を丸めて、表情も冴えません。こんな悩みにＰＳＷはどう対応すべきか……と考え、しばらく傾聴することにしました。彼は「どうせ僕なんて……」と悲観したり、「あいつらは鈍感だから、僕の気持ちなんてわからない……」と他のメンバーへの怒りを露わにしたりします。このような相談では、辛い気持ちに共感したり、彼の自己肯定感の低さがどこからきているのかを会話のなかから一緒に探ってみてもいいでしょう。そもそも彼のいう「友達」とは何かについて話し合ってみてもいいかも知れません。でも、ふと気づきました。彼は気分障害で躁うつの波があります。ＤＮＣに通い始めてからもう十数年になるので、その波にも何度か付き合っていた私は傾聴しつつも、「もしかして、気分が下がってない？」と尋ねてみました。彼は「……自分でも、そう思います」と答えます。「昨日は眠れた？」―「それが全然眠れなくて……」と。そこでやっと、眠れないこと、なんでもマイナスに捉えてしまうことの辛さに共感し、すぐに臨時診察に入ることを提案しました。二日後、彼は「昨日は休みましたが、よく眠れたので元気になりました」とすっきりした表情で話し、「友達」の話をすることはありませんでした。以前であれば、彼に要求されるまま、長時間の愚痴を聴いていました。でも、その訴えが症状の悪化によるものだとしたら、辛い内容を長く話させてしまうこと自体、後の疲労につながってしまいます。ＰＳＷには単に支持的に関わるだけでなく、その悩みの本質がどこから来ているのかを医療の視点を含めて見極める力が求められるのです。

5　おわりに

(1)　クライエントのための連携

ＰＳＷは「生活者」であるクライエントの、自己決定を第一にした支援を基本とします。提供するサービスの質の向上のためにも、研鑽に加え、他職種、他機関との関係性をより豊かに構築できることは必須です。しかし、わかっているつもりでも、仕事が多忙になると、研修会や学会への参加は後回しになりがちです。研修は単に最新の知識を習得するためだけのものではありません。顔の見える関係を築く絶好の機会ですが、一方的な営業とは違います。相手を知り、自分を知ってもらうために、初めてお会いする方には積極的に自分から声をかけ、名刺交換をして交流しましょう。

(2)　自分には何ができるのか

所属する機関や組織、地域、そして現行制度や社会資源の現状に、不満を抱えていない人はいないでしょう。不満は解決のための行動を起こす大切な原動力ですが、誰かを批判したり断罪することが目的になってしまってはいけません。不満の原因に対して、「何がどう変わるべきか」「そのために自分には何ができるのか」について、実行可能なプランを考えるところまで吟味して欲しいものです。とはいえ、一人ひとりの声は小さいものです。だからこそ、専門職団体や自立支援協議会のように、理解し合い協力し合う仲間とアクションを起こすことも、ソーシャルワーカーとしての大事な役割であることも、心に留めておいて欲しいと思います。

(3) 社会経験があることの強み

介護の分野でも、社会人や主婦として、子育てや親の介護を経験した人たちが、現場で活躍していました。社会経験に裏打ちされた自信や、謙虚な姿勢がにじみ出る穏やかな雰囲気は、一朝一夕につくれるものではありません。また、支援者の年齢、経験、考え方に幅があることは、事業所のサービスの多様化につながります。みなさんも、ご自身の経験を客観的に捉えて「支援の隠し味」にすることで、クライエントの心に寄り添う支援者になってください。

Ⅱ 地域生活支援における精神保健福祉実践

就労支援現場での精神保健福祉実践

北岡 祐子（医療法人 尚生会（創）シー・エー・シー）

1 はじめに

人は生きていくなかで、思いもかけない出来事に遭遇することが多々あります。精神障害になるということも、当人にとって初めての体験であり、未知の世界への冒険でもあります。また、見えない障害であるゆえに、本人も家族も戸惑い苦しみます。しかし、それは誰のせいでもないのです。精神障害のある方は、傷つき苦悩しながら、困難な課題へ果敢に挑戦し、勇気ある前進を続けている方たちです。

2 PSWとしての歩み

私がこの仕事を始めたのは一九八八年、精神保健法の時代でした。学生の時の精神科病院実習から、患者さんたちが退院した後の地域生活支援に携わるPSWをめざしたいと漠然と考えていました。しかし当時は地域といっても精神障害に対応した福祉施設の法制度はなく、家族や関係者などの有志が出資し、そこにかろうじて各自治体がわずかな補助金を認め、何とか居場所を作るべく努力していた時代でした。私はその一つであるJHC板橋という小規模作業所で働くことになりました。PSWの草分け的存在である寺谷隆子さんをはじめとする精神科病院のPSWたちが地域資源を作るために奔走し開設した作業所です。内職やレクリエーション等を行い、精神科病院を退院したメンバー（利用者）たちの拠り所となっていました。運営を担う寺谷さんや先輩PSWは、私たち若い職員をPSWとして育成すべく、精神科病院や保健所のデイケア等の仕事も経験させてくださいました。勧められ日本精神医学ソーシャル・ワーカー協会（後の日本精神保健福祉士協会）に入会し、研修に参加するたびに仕事関係の仲間も増えました。就職して三年目、皆でめざす支援を学びにいこうと、米カリフォルニア州での地域精神保健福祉の研修に参加できたことは、私がＰＳＷとして歩む上での大きな礎となりました。訪れたサクラメント精神保健協会や共同住居、コンシューマー・セルフヘルプセンターでの当事者活動、クロスロードでは援助付き雇用やＳＳＴ（ソーシャル・スキル・トレーニング）を学び、ブレンウッド退役軍人病院にてＳＳＴのセッションを体験しました。先進的な取り組みに日々瞠目し、めざす方向について明確なビジョンを与えられました。そこで学んだ制度や支援活動を、日本でも実現していくのだと強く意識しました。この二〇代での一連の経験は私を導き、現在まで地域生活や就労支援を担うＰＳＷとして働き続けることができています。先輩方から貴重な糧を与えていただき深く感謝しています。

精神保健福祉法の時代となり、ようやく精神障害対応の福祉施設が法制度に位置づけられ、精神保健福祉士法も成立しました。この背景には、何とか精神障害のある方の地域生活支援の社会資源を増やし、それを支えるＰＳＷの存在の社会的位置づけを実現すべく政府に働きかける、諸先輩方の血の滲むような努力がありました。今ある社会資源や資格は、国が自発的に作ったものではありません。日本のベストプラクティスといわれたＪＨＣ板橋をはじめ、やどかりの里、帯広ケアセンター、そして各地に開設された社会資源は、精神障害のある方を支えるための社会資源が何もないなかで、自己資金を投入し実績を作り、行政に働きかけ続けた家族やＰＳＷ、関係者の努力の賜物なのです。ＰＳＷは単に個人への支援だけではなく、社会に必要なサービス制度を創出する役割をも担っています。今ある地域の精神保健福祉サービス制度はまさに、先輩方の渾身の力で体現したソーシャルアクションであることをいつも肝に銘じています。

3 精神保健福祉士としての就労支援

二〇〇二年、ご縁があり現在所属している医療法人に就職し、翌年に新設された同法人の運営する精神障害者通所授産施設で働くことになりました。そこでは何かを生産するのではなく、就職を希望する精神障害のある方を対象とした就労支援活動内容をめざしました。二〇〇九年に「精神保健福祉法」の授産施設から、障害者自立支援法による就労移行支援事業になりました。

私の職場は、主として精神科に通院している精神障害や発達障害がある方の、一般就労を目的とした職業リハビリテーションと就労支援サービスを提供しています。その各プログラムは、①基本的な労働習慣作りと職業適性を知る、②職場での対人技能及び対処技能の習得、③疾病障害管理のための心理教育、④社会人マナーや社会体験の再構築、など職業準備性を高めるものに加え、必要に応じた生活支援や、家族支援も行い定期的に家族の会を開催しています。またＩＰＳ（Individual Placement and Support：個別就労支援プログラム）の勉強会も行い国立精神・神経医療研究センターのＩＰＳ調査に協力しながら、その原則を活かし職場実習や雇用前実習の依頼、働き続けている限り支援するという方針をとっています。大事にしていることは、単に就職すればいいということではなく、体調に気をつけながら自分らしく生活し楽しみをもち、社会人として自信をもって働き、人とのつながりのなかで支え、支えられて生きるという人生全体への支援、リカバリーをめざした支援を実施しています。ここの利用を経て多くの方が就職し働き続けています。

「働くことは最大のリハビリテーション」といわれます。職場実習を経験し、就職して働くようになり、障害が軽減し改善され体調が安定するようになった方はたくさんいらっしゃいます。働くことによって生活のリズムを保ち、休まないよう体調管理に気を配ります。職場には一人の社会人として期待された役割があり、責任を求められます。自分の居場所があり、生活の糧を得られることがどんなに大切で心の支えになることかと痛感します。本人の働く姿に家族も喜びを感じ、友人と会ったときに何をしているのか話せることが本人の気持ちを明るくし、自己治癒力も向上します。「働く」ことによって人とのつながりや支えあいが広がり、自分自身や他者の可能性を相互に引き出す社会の原動力になる、そう確信しています。

4　就労支援から学んだこと

私がまだ二〇代で働き始めたばかりの頃も、精神障害のある方で「就職したい」とおっしゃる方はいました。そんなとき私は「まずデイケアに休まず通いましょう」「作業所の利用日を増やしましょう」と伝えていました。当時、精神障害のある方は、就職して働くとストレスで体調が悪化し再発すると、関係者も私もそう思いこんでいたのです。その時代、就労支援制度がほとんどなかったことや、私自身が就労支援の方法をまったく知らなかったこと、そして世間知らずの私はその方たちが働ける就職先も思い浮かびませんでした。今考えると本人の希望を私の無知で閉ざしてしまったことに、罪悪感がこみ上げます。

私自身は、学生の頃学内に貼りだしてある求人票や関係者のつながりで就職したため、ハローワークで求職活動をしたことがなく、福祉関係以外の仕事もほとんど経験はありませんでした。そんな私は就労支援の仕事を始めてからメンバーの付き添いと称して、メンバーからハローワークの使い方を教えてもらいました。メンバーと一緒にいろいろな企業へ職場実習や訪問支援に行き、世間にある仕事を知ることができました。

さらに、私の狭い視野と経験に気づかされました。病院や福祉施設では、つい病気や障害に焦点を当てて見てしまいます。病歴や症状にとらわれ、その方の健康な力やできる力があるにもかかわらず看過してしまうのです。また、メンバーは病院や施設向けの顔になり、職員に合わせて受動的になる傾向にあります。ですが「働きたい」という自分の希望に向かって努力する場、自分の希望を仲間と共有できる場、その想いを支えてくれる場があれば人は力を得、変化していきます。そして何よりもその人に合ったいい環境と巡り会えれば、思いもかけない力が発揮されるのです。社会には多種多様な仕事や職場があることを就労支援の仕事を通して教えられました。「この方にできる仕事はあるのだろうか」とただ考えていても何も生まれません。どんな職場環境や業務、勤務条件で働けるのかをアセスメントしながら就労関係の人脈を駆使して探していけば、そのような職場と巡り会うことができます。思いがけないご縁でその方にぴったりの仕事と出会うこともあります。私はメンバーに導かれて社会にある仕事や職場環境を知り、社会勉強の機会を与えられたのです。同時に、企業の方が医療福祉関係者よりずっと、本人のもっている可能性を引き出し戦力として活かしてくださる数々の現場に立ち会い、感銘を受けました。できない点、障害の部分にとらわれ保護主義の傾向になる医療福祉関係者は、もっと意識を変えなければならないと切に思います。

そして就労支援を行う上で必要だったのは私自身の人生経験でした。いろいろな援助技術を学び、先輩や同僚たちに支えられ、メンバーから育ててもらいながらも、知識や経験を咀嚼するための私の専門性を熟成させるには時間が必要でした。同じ出来事に対する感じ方や考え方は、二〇代と三〇代では異なりますし、四〇代、五〇代でも変化します。私自身の人生を歩むプロセスのなかで数々のライフイベントを経験してこそ初めて気づき、熟考できたことが多くありました。

冒頭の文章は、精神障害のある方たちの苦労、そして前を向いて進もうとする個々の人生がやっと見えてきたときの言葉です。誰もが障害をもつ可能性があります。私たちは大変な経験を背負いながらも前へ進む努力を惜しまない方々から、勇気と希望を与えられていることを忘れてはなりません。それは、自分自身が何らかの病気や障害をもつことになったとき、より身をもって実感することでしょう。

5　おわりに

私たちは利用者と出会うことで、さまざまな関係者と新たに出会い、つながり、協力しながら知識や技術を向上させ、生きることへの洞察を与えられ、社会人として成長し、さらに広がっていくことができます。それがそのまま利用者へのサービスに還元されます。本人が希望に向かって歩むことを支える場、お互いに交流できる安心できる場、本人の力を発揮できる温い人間関係や環境とのご縁をつなげていくことで多様な可能性を生み出すことができます。そのためには、私たちもやりがいを感じられ職場環境と支え育ててもらえる人間関係をもち、自分がめざす仕事のモデルをたくさん見つけ学び続けることが大切です。これらの循環が、自分や他者を活かす共生社会を創ることにつながると信じています。

地域生活支援現場における精神保健福祉実践

堀尾　志津香（NPO法人ユートピア若宮　相談支援事業所りんく）

1　はじめに

「精神保健福祉士を一生の職業にする」と覚悟を決めてからかなりの月日が経ちました。覚悟を抱き続けながら精神保健福祉士という名のもとにさまざまな分野を経験してきました。分野が変われば仕事内容はもちろんのこと根拠法、実践方法、対象者など含めて目的すらも変わります。精神保健福祉士という一つの職業のなかにこれ程たくさんの視点や役割があることに未だに魅力を感じています。それと同時に精神保健福祉士としてのソーシャルワークのミッション・使命の重要さを痛感する日々を現在も過ごしています。そう感じている背景や意義などについて実践経験を通してお伝えしたいと思います。

2　精神保健福祉士になった理由

いろいろな話をする前に「私」という人間を少しだけ知っていただきたいので自己紹介させてください。どんな人間が精神保健福祉士を語っているのか、どんな人間が精神保健福祉士であり続けているのかをチェックしてみてください。

最初のきっかけは大学在学中に国家資格ができたことでした。大学に精神保健福祉士の資格をもつ先生がやってきました。この先生がとにかく愛想は悪いのに学生である私とちゃんと向き合ってくれる姿勢に興味がわき、職業として意識し始めたことを今でも鮮明に覚えています。

そんなちょっと変わった恩師のもとで社会福祉士と精神保健福祉士の資格取得のためのカリキュラムを開始しました。もともと私が通っていた大学はできたばかりの新設の大学でした。そこの大学の第一期生として入学しました。出身は埼玉県なのですが、この大学に入学した埼玉県民は私一人でした。一人暮らしを始めた頃は、方言の意味がわからずプチ海外旅行気分を味わっていました。会話が噛み合わず戸惑いを感じながらもコミュニケーションのチャンスだなと思い、方言を教えてもらうことをきっかけにたくさんの方と会話を楽しみました。

また、学生時代はとにかく貧乏でバイト代と奨学金で生活していました。毎日の食事にも困るほどで畑を覗いては野菜ばかり見ていました。そんなある日のこと、いつも美味しそうだなあと眺めている畑で高齢のおばあさんが力仕事をしている最中に転倒してしまい動けなくなっているのを見かけました。思わず声をかけ助けたことから、その後おばあさんの仕事を手伝うようになりました。手伝いの後におばあさんの家に道具を片付けて縁側で一緒にお茶飲んで、帰りに畑で取れた不揃いの野菜をもらうという日々を過ごしていました。この野菜のおかげで何とか生活していくことができました。この時にいろいろな工夫や人とのつながりで困ったときの解決方法の選択肢は増えるのだと実感しました。

振り返って考えてみると、これらの経験がソーシャルワーカーの実践で欠かせないコミュニケーションスキルに大きく影響があったように思います。

実は当時、すでに身体障害者関連の事業所に就職がほぼ決まっていました。しかし恩師との出会いや精神保健福祉士の実習等をきっかけに精神障害を抱える方々と自然と接する機会も多くなるにつれ、外見も会話内容も自分たちと変わらないように見えるのに、どの部分が病気なのか、障害なのか、そして何に対して生きづらさを感じている人たちなのかさっぱり分からず、その分からない部分をどう支援していくのか知りたいという興味と私にも何かできないだろうかという思いのもとに精神保健福祉士を目指しました。

3　ソーシャルワーカーになろうと思った経緯

今はもう笑い話になっていますが、貧乏生活が大変だったことに加えて、学生時代はなかなかの波乱万丈な状況が続いていました。母親が病気で倒れ、病院で二四時間付き添いしながら勉強していました。追い打ちをかけるように父親が心筋梗塞で突然死し、事業をしていた父親の会社は借金だけ残して倒産してしまいました。多額の借金と共に生活困窮者となり生活保護を受けていた時期もありました。

借金取りが自宅に来ては玄関を叩いたり、窓を揺らしたり、壁を蹴ったり、大声で叫んだりと毎日お祭りのように騒いでいました。夜中に近隣に借金取りが張ったと思われる悪口の書かれた張り紙を電柱やガードレールから剥がしに弟と取りに行ったのですが、なかなかきれいに取れなかったことを鮮明に覚えています。あまりにも上手な張り方に弟と笑いながら感心してました。こうした状況下で母親が入院していた病院の相談員が声をかけてくれました。これが初めてのソーシャルワーカーとの出会いです。その相談員は生活に困っていた私たち家族にいろいろと情報提供をしてくれました。その後も親身になって相談に乗ってくれて手続等も一緒に動いてくださいました。どん底にいるような感覚にいた私たちはそのおかげで何とか生きていくことができました、これが私自身が直接身をもってソーシャルワークを受けた実践になります。

こうした経験や精神障害者との触れ合いを通じて精神保健福祉士という職種に大きな関心を持ちました。

4　さまざまな現場における精神保健福祉士

精神保健福祉士の資格を取得し、精神保健福祉分野で働きだしてさまざまな分野で仕事をしてきました。精神科病院・小規模作業所・就労継続支援B型・地域活動支援センターI型・保健所（中核市）・

現在の相談支援事業所と医療・保健・福祉のそれぞれの分野で精神保健福祉士として実践させていただきました。どの分野もそれぞれに精神保健福祉士としての重要な役割やミッションの意義があります。

精神保健福祉士という「資格」は一つですが、精神保健福祉士という「職業」はたくさんの分野があります。大きく分けると「医療分野（医療機関等）」「保健分野（保健所関連・行政等）」「地域分野（相談支援・福祉サービス関連等）」をよく耳にすると思います。各分野はそれぞれに根拠となる関連法律に基づいて実施されています。分野によってはいくつもの根拠法をもとに運用されています。ということは精神保健福祉士はさまざまな法律にまたがる職種であり、さまざまな法律をつなぎ合わせる役割を持っているといえます。

そのなかで現在、勤めている相談支援事業所は障害者総合支援法に基づく「委託相談支援」と「特定相談支援」「一般相談支援」を実施しています。精神保健福祉士という資格を有する相談支援専門員として従事しています。「委託相談支援」とは各市町村より委託される相談業務のことで市町村地域生活支援事業として福祉サービスの有無にかかわらず、本人や家族を含めた地域全体の総合相談窓口としてあらゆる相談に対応することを目的としています。

「特定相談支援」は本人の希望する生活を実現できるようにさまざまな状況等を勘案して適切に福祉サービスが利用できるように基本的な相談を受けながらサービス等利用計画の作成等を行っていきます。

「一般相談支援」は入院している方が地域へ移行できるように支援することと地域に戻ってからも安心

して定着して暮らしていけるように連絡体制を確保しながら支援していくことを目的としています。

ここではこうした事業や分野を通じてソーシャルワークの存在意義や実践の意味、また具体的にどのような実践をしてきたのか、ソーシャルワーク実践で大切にしていることや実践のなかで最も意識していることに加えてソーシャルワーク実践をする上で実際に現在も行っていることなどをお伝えしていきたいと思います。

5　地域生活支援現場での精神保健福祉実践で見えてきたこと

私自身の強みは、精神保健福祉現場における各分野の経験があることだと自負しています。精神科病院におけるソーシャルワーク・行政機関におけるソーシャルワーク・地域におけるソーシャルワークなどの分野も実際の現場でソーシャルワークを実践してきました。そのなかで現在は地域の相談支援事業所に所属しています。現在の勤め先は精神保健福祉分野を中心に活動している事業所ではありません。法人としては身体障害をお持ちの当事者の方々が主に運営に携わる特定非営利活動法人です。精神保健福祉士だからと精神保健福祉業務のみの活動に留まっていません。私自身は精神保健福祉士として仕事を続けていきたいからこそ現在の事業所に所属している意味があると感じています。

医療分野・保健分野・地域分野と各分野の経験を通じて共通していえることは、ソーシャルワークの視点の基本は「生活者であること」を意識することだと強く感じています。ここ近年は精神障害者への考え方や捉え方が大きく変化してきているように思えます。いわゆる「医療モデルから生活モデルへ」という考え方に少しずつですが変化してきています。こうした経緯にはさまざまな背景がありますが、「生活者であること」とはどういうことなのか。この「生活者であること」が一番実践上で身近なのは地域生活支援の現場であります。

6　リアルな地域生活支援現場での精神保健福祉実践

地域の生活支援現場では精神障害を抱える方々の日常生活を継続的にかつ長期的に支援していく状況に関わることが多くあります。地域の相談支援事業所で目の当たりにするのは、「リアルな日常生活」です。精神疾患や精神障害を抱えながら日常生活を継続的に安定して過ごすということが、実はどれほど大変なのかということを日々噛み締めています。

「日常生活を安定して継続的に過ごす」という言葉はよく聞くフレーズです。支援者間でも基本的な支援目標はこのフレーズがよく用いられます。このフレーズのなかにはいくつかのキーワードがあります。「日常生活」「安定」「継続的」「過ごす」これらにソーシャルワークがなぜ必要なのでしょうか。

「日常生活」とは、食べること、衣服を着用すること、寝ること、清潔保持すること、住む場所があること、健康でいること、人との交流があること、どこかに属していること、生命が脅かされないこと等々たくさんの条件が毎日揃っていることで日常生活が営むことができます。その条件下においてはじめて「安定」が生まれます。安定があるから「継続」するためのエンジンになります。きちんとエンジンがあるから「過ごす」ことができます。

こうした「日常生活」があるから自己実現や意思決定が生まれ「安定」という安心の上にこうしていきたいという希望をもつことができます。それらが「継続」して「過ごす」ことができるから自信に繋がるのではないかと思います。

精神疾患や精神障害によりこれらの機能に支障が出ることにより、「生活のしづらさ」が生じます。地域生活支援現場における精神保健福祉士はこの「生活のしづらさ」が何から来ているものなのか、何が要因なのか、それに対してなにが足りていて足りていないのか、本人の本当の想いのヒントはどこにあるのか、今までの人生の経緯のなかでどんなエピソードがあるのかということを踏まえて現場でのソーシャルワークを実践していきます。

かつ地域生活支援現場における精神保健福祉士は、実際に自宅へ訪問することも多く、必然と本人や家族や関係者と接する機会が増えます。「家」というのは本人の日常がそのままあります。と同時にとても多くの情報があります。それらをきちんと情報収集し集約した上で今後の支援の見立てを関係機関と一緒に行っていきます。

生活場面に介入することで様々な発見があります。例えば生活現場に支援に入る前に関係機関や家族と情報共有し、共有されたもとで支援を開始しました。実際に自宅を訪問してみると、台所や自室にアルコールの空ビンや缶が大量にありました。事前情報では本人は働きたいけど精神症状が安定しないためなかなか行動できないと話していました。家族からは夜間帯は眠れていない様子があるということや日常的に感情の波があると聞いていました。この情報からだと精神疾患による影響により難しい現状であるかもしれないと見立てることが多いと思います。

しかし、実際に自宅訪問すると大量のアルコールが見つかり、毎晩のように相当量飲んでいることがわかりました。家族に話を聞くと自分では買いに行かず飲めないと怒り出すため、仕方なく家族がアルコールを本人の代わりに用意していたことも分かりました。本人はつらい精神症状を抑えるために薬とアルコールを一緒に飲んでいることもわかりました。これらの状況を発見した時に私たち精神保健福祉士は、それらの情報と実際の現場の様子から、本人が生活のしづらさを抱えている原因は精神症状によるものだけではなく、背景にアルコール問題やアディクション問題があるのではと考えます。ということはアルコール問題やアディクション問題に対する対応を含めたソーシャルワークでの実践が必要と見立てていくことになります。

地域生活支援現場における精神保健福祉士は「リアルな生活」に隠されたさまざまな背景を発見していく視点がとても重要になります。

7　ソーシャルワーク実践で大切にしていること

発見していくことや気づきはどうしていけば身につくのでしょうか。実際に私が常に念頭に置いていることをお伝えしたいと思います。
①　精神保健福祉士のミッション・使命の意識化
②　ミクロ・メゾ・マクロの視点
③　常に「専門家」で在ること
普段の業務のなかで実は忘れがちになるのがこの三点です。①ミッションと使命の意識化は長年の経験や業務のなかでつい疎かになりがちです。私たち精神保健福祉士は誰のために何のために何を目指しているのでしょう。それを意識化することが気づきへの重要なポイントになります。②ミクロ・マゾ・マクロの視点は援助技術の中で最も実践的かもしれません。それぞれのレベル間で考えていくことがソーシャルワークの基本ともいえます。それぞれの視点を忘れないということと同時にそのなかでのつながりを視野に入れて考えていくことが大切です。③は常に専門家ですと宣言するわけではなく、精神保健福祉士という精神保健福祉実践におけるプロなのだということを考えて行動していくことであり、プロで居続ける以上は援助技術もスキルも向上し続ける義務があると私は考えています。

8　ソーシャルワーク実践で最も意識していること

実際の生活支援現場におけるソーシャルワーク実践において最も意識をしていることがあります。「私たちソーシャルワーカーは、言葉・対応・行動によって人の人生を奪ってしまう職種である。それと同様に、ソーシャルワークによって人（人生）を豊かにすることへの可能性が無限にある職種である」精神保健福祉士は対人援助の職種です。人に関与する仕事です。関与するということは、その人へ何かしらの影響を与えるということです。理由や状況・背景に関係なく、私たちは、その人の人生に関与していく職種です。私たちの対応次第で良くも悪くも人の人生へ変化をもたらすいうことを決して忘れないでください。

9　ソーシャルワーク実践する上で実際に行っていること

精神保健福祉士の責務や役割をソーシャルワークして行く上で私が実際に行っていることをお伝えしたいと思います。
①　日々の情報収集
②　ネットワークの継続・開拓・拡大

③　同職種・多職種間での意見交換・交流
④　普及啓発活動
⑤　知り合った仲間との交流維持・信頼関係の深化・進化・真価
⑥　聴くことの意識化・表現化（三つの聴く：耳・目・心）
これらを毎日意識して行っています。精神保健福祉士として一生続けていけるスキル向上の一つだと感じています。

10　おわりに

地域生活支援現場における精神保健福祉実践の中で感じていることがたくさんあります。一つは目まぐるしく変化していく法律や情勢のなかで精神保健福祉士としての専門性はますます必要とされています。専門性が求められる一方で精神保健福祉士の職域は拡大してきており、さまざまな分野での知識・対応が求められています。最初に現在の相談支援事業所について精神保健福祉分野を中心に活動している事業所ではなく、精神保健福祉士だからと精神保健福祉業務のみの活動に留まっていないと書きました。ではなぜ今の事業所で働いているのでしょうか。

私は精神保健福祉士を一生の職業としてやっていきたいと思っています。精神保健福祉士で居続けたいと考えています。精神保健福祉士のミッションは何でしょう。精神障害者をほかの障害者や地域のなかで特別な人たちにしたくないと思っています。現状は地域生活支援に関わる支援者間においても精神障害は他の障害と別に考えられている傾向があります。障害特性はあります。その特性について専門家である精神保健福祉士が正しい情報や対応等を伝えていくことは必要です。

でも専門家であるからこそ、精神障害者が「日常生活を安定して継続的に過ごす」ために、また地域で特別視されないためには、精神保健福祉士という精神保健福祉分野に特化している職種がまず、他の職種と一緒に仕事を共有し他分野における理解を深めていく姿勢が必要であると思っています。精神保健福祉士だけで精神保健福祉のことを考えていくこと自体が精神障害者の特別感や疎外感を強めてしまうきっかけになっているような気がしています。

地域で生活をしていくということを支援していくミッションのある精神保健福祉士だからこそ障害特性があるからという枠組みで専門性を生かすのではなく、ソーシャルワークの意義のもとに今後の精神保健福祉の方向性を大きな視点で見据えていくことがこれからの地域で働く精神保健福祉士の役割であり、ミッションであると思います。

行政機関での精神保健福祉実践について

松岡　信一郎（和歌山市保健所）

1　はじめに

「あなたの机は事務所にはなく、地域にある。探しにいくから早く車に乗りなさい」。二十数年前、初めて和歌山市保健所へ精神保健福祉相談員として配属になった時に、先輩相談員からかけられた第一声でした。そのまま、地区の民生委員宅へ向かい、近隣に住む単身の精神障害のある人についての相談が始まりました。「物を外に出して困るんよ。声をかけても出てきてくれへんし」と対応に困っている状況がありました。まさに私の机は地域のなかにあったのです。

2　和歌山市保健所での精神保健福祉実践

精神保健福祉実践を行う主な行政機関としては、精神保健福祉センター、保健所、市町村障害福祉課（精神障害者福祉に関すること）、司法機関等が挙げられます。

私が勤務する中核市の和歌山市保健所保健対策課こころの健康対策班は、保健所と市町村が担う精神保健福祉業務を一括して担当しています。まず、保健所が行う精神保健福祉法第四七条に基づく精神保健福祉相談として、ご本人やご家族、地域関係機関や精神科医療機関から寄せられる相談に対して、訪問支援や関係調整等を行っています。精神保健福祉領域の課題があり、生きづらさを抱える方々に対し、権利擁護の視点を踏まえ、精神科受診に関することや社会参加等の相談支援を展開しています。また地域移行支援や警察官通報対応、出前講座等による普及啓発活動等も実施しています。そして、市町村が行う精神保健福祉法に基づく市長同意や精神障害者保健福祉手帳申請業務、また障害者総合支援法に基づく自立支援医療（精神通院）申請業務、障害福祉サービス（精神障害者）の認定調査や、相談支援事業所等との連携及び地域自立支援協議会の運営等の業務も担っています。

また、自殺対策を「生きることの包括的な支援」として位置づけ、自殺予防にかかる普及啓発活動や相談の強化、ゲートキーパー養成等にも取り組んでいます。

精神保健福祉相談に関しては、週一回、保健所長や統括保健師も参加する班内カンファレンスを実施し、クライエントとのかかわりの評価やその支援の方針を共有し、精神保健福祉士としての資質向上や支援力の向上をめざしています。

3　和歌山市保健所が大切にしてきた取り組み

以上のように、和歌山市保健所ではさまざまな業務がありますが、そのなかでも大切にしている取り組みの一つにネットワークづくりが挙げられます。一九九五年に精神障害者保健福祉手帳制度が始まったころ、地域では精神保健福祉に関する課題は山積みでした。そういったなか、和歌山市保健所と管内の社会福祉法人とで「ほっとけやん（放っておけない）こといっぱいある。予算も人もないけど知恵を出し合おう」と「和歌山市精神保健福祉業務担当者連絡会議」（以下、業務連）を二ヵ月に一回開催し、医療、保健、福祉、介護等の関係者が集うようになりました。それぞれの現場実践でかかわりを続けているなかでの課題や強みを協議し、顔の見えるネットワークが形成されていきました。

そのなかで、二〇〇六年障害者自立支援法（現、障害者総合支援法）の施行は、大きな制度の変革をもたらしました。それまでの精神障害者社会復帰施設から新体系の障害福祉サービスに移行し、市町村が実施主体となったのです。私たちは、精神障害者分野がまだ他障害の分野と比較して遅れている状況や、偏見・差別の解消などの懸念について集中的に協議する必要がありました。そのため、業務連でワーキングチームを作り、地域移行や就労支援、住まいの場に関する検討、アウトリーチ支援のあり方など、精神障害当事者やその家族の声を踏まえつつ、さまざまな視点で協議を行いました。

このワーキングチームから、行政が医療・保健・福祉等関係者と今後も一緒に協議を行える場が必要との理解が行政のなかでも深まり、二〇〇九年当初から地域自立支援協議会の専門部会として「精神障害者部会」が設置され、フォーマルな形として協議の場が位置づけられました。

その後、管内精神科病院の各病棟に、定期的に地域援助事業者のスタッフが地域移行啓発ポスターを掲示するために入ったり、院内茶話会にピアサポーターが出席したりしています。

これからは、精神障害のある人が自分らしく住み慣れた地域で安心して暮らすことができるよう、「精神障害にも対応した地域包括ケアシステム」の構築を目指し、さらに検討し進めていきたいと考えています。

4　さまざまなかかわりのなかで

さて、私が精神保健福祉士として多くの方にかかわるなかで、ご紹介したい方がいます。志村さん（仮名・五〇歳代）は、精神科病院に一〇年入院後、共同生活援助（グループホーム）へ退院し、作業所で出会った女性と結婚し、その後グループホームを退居され、地域のアパートで暮らしています。志村さんの紹介についてはご本人に了解をいただいています。

ある日の未明、そのアパートが延焼で全焼したとの知らせが入りました。志村さんご夫婦は避難して無事とのことでした。私は、志村さんの無事に安堵《あんど》するとともに、これからの緊急の住まいとしてショートステイ等の利用が可能か事業所と調整しつつ急いで現地に向かいました。志村さんが現場で茫然とされているなか、私は悲痛な心情を傾聴しつつ「とりあえずショートステイの利用ができるので、そこでこれからの事は考えませんか」と提案しました。志村さんはうなずきながらもしばらく黙ったあと、静かにこう話してくださいました。

「ありがとう。でもね、それ利用したら、グループホームに戻る気がして、その前の精神科病院を思い出してしまうわ。私たちはここがいいんですよ。」

その言葉に、私は、志村さんの「ここに住み続けたい」気持ちを聴く前に、勝手にショートステイを調整していたことを深く後悔しました。志村さんにそのことを心から謝罪し、いま何ができるかを一緒に考えました。まず、大家さんに近くで空き物件がないか交渉し調整を行い、また市役所や作業所等の職員の方々に、家電製品等を提供していただけるようチラシを作成し働きかけを行いました。

その日の夕方には空き物件が見つかり、後に冷蔵庫や洗濯機等も揃い、住み慣れた地域で住み続けられることになりました。

5　地域住民（生活者）としての視点

しかし、志村さんご夫婦を一番支えていたのは私たち専門職ではなく、その地区の住民の方々でした。「大変やったね、命があってよかったよ」「おにぎり食べてよ！」など、住民の方々が布団や衣類、食器類などの日常生活に関する物資をそれぞれ届けてくださいました。私は、志村さんが笑顔で住民の方々と話されている姿に、胸が熱くなりました。

もし、私が「精神障害者の支援はこうあるべきだ」と自らの価値観を押しつけ、ショートステイ利用に誘導していたなら、それは精神保健福祉士としてもつべき価値や倫理に反し、また志村さんの生活者としての視点を極小化してしまったのではないでしょうか。そればかりか志村さんと住民との関係を切り離してしまったかもしれません。

私たち精神保健福祉士は、その人が望む自分らしい暮らしを、どのような場面でも、社会から排除されることなくかかわり続けなければなりません。当たり前ですが、クライエントの自己決定が人生のどの場面においても保障されることが、精神保健福祉士に求められる視点です。

今も、志村さんご夫婦はその地域で生活を続けておられます。

6 住民とともに地域づくりを行っていく取り組み

私たち行政機関の精神保健福祉士は、個別のかかわりのなかで、精神障害当事者やそのご家族の方々の声を聴き、地域の課題やニーズを把握し、地域の強みを伸ばし、施策に反映できるよう行政のなかでも声を挙げ続けなければなりません。

その視点を、管内の地域援助事業者や医療機関等の精神保健福祉士と共有し、住民とともに地域づくりを行っていく取り組みが求められます。

今後も、新たな精神保健福祉の課題に対応できる精神保健福祉士としての資質向上はもちろん、地域住民全体のメンタルヘルスの向上を願い、毎日実践を続けていくことが私たちの責務です。

私の机は、間違いなく今も地域のなかにあります。

Ⅲ　広がるメンタルヘルス問題と精神保健福祉実践

司法福祉分野での精神保健福祉実践

三品　竜浩（仙台保護観察所）

1　はじめに

司法福祉ということばがあります。そもそも、なぜ罪を犯した人に福祉が必要となるのでしょうか。ここでは私の個人的な意見を述べてみます。本来であれば、罪を犯した人は刑罰の対象となりますが、犯罪が起きた原因や背景には複雑な事情があります。

二〇〇六年一月、山口県のＪＲ下関駅が七四歳の知的障害の男性に放火され全焼する事件がありました。この男性は過去一〇回、未遂を含む放火事件の前科があり何度も刑務所を出入りしていました。このときも出所後に生活保護や福祉には繋がらず、出所後八日目で路頭に迷った末の犯行でした。裁判の結果、知的障害かつ高齢であったことも考慮され、懲役一〇年の実刑判決を受けました。その後、この男性は二〇一六年八月に出所し、現在はNPO法人の支援を受け生活しています。[1]
近年、こうした知的障害や精神障害をもち、適切な福祉サービスや人的な支援を受けられず生活が困窮し、犯罪を繰り返す人々の存在が明らかになっています。こうした障害者の存在を、「触法障害者」、再犯を繰り返す障害者を「累犯障害者」[2]と呼ぶこともあります。二〇一二年の法務省の統計によれば、知的障害の受刑者二九六人及び同障害の疑いのある受刑者二五二人、計五四八人の状況について調査した結果、入所回数は平均三・八回（受刑者全体は同三・一回）。六五歳以上では「五回以上」が六八・五％（全体では四三・九％）で特に多く、療育手帳の所持率は知的障害者で四五・六％、「疑い」は一一・九％でした。このなかには、必要な福祉的支援を受けられないことが原因の一つとして、犯罪や再犯へ至った事例も少なくないと思われます。[3]
下関駅放火事件をはじめとする触法障害者の事件の実態は、繰り返される犯罪の背景に障害があり、司法のなかにも福祉的な支援を必要とする人々が多数存在することを明白にしました。そして、司法と福祉のあり方に大きな問いを投げかけ、支援制度の見直しと拡充が進みました。[4]
司法とは、法律によって決着を明確にすること（規範的解決）が主な役割であり、福祉は個別化された社会問題の解決・緩和を目指し実情に即した調整機能を果たすことを重視すること（実体的解決）です[5]。これらは一見矛盾しますが、人間の生活で起きる出来事には、「法律」か「福祉」かの一方法のみで解決できない複雑な状況があります。

司法領域における精神保健福祉実践としては、二〇〇一年に起きた池田小学校事件を契機[6]として、精神障害者が起こした重大な他害行為に対し、司法と精神保健福祉が連携し社会復帰を支援する医療観察法が二〇〇五年に施行されました。

2　社会復帰調整官と医療観察法

私は精神保健福祉士として精神科医療や福祉を経験後、社会復帰調整官（以下、調整官）という仕事に就きました。調整官は全国の保護観察所に配属された法務省の職員です。この仕事は、心神喪失者等医療観察法（以下、医療観察法という）のもと、心神喪失又は心神耗弱の状態で（精神の障害のため善悪の区別がつかないなど、通常の刑事責任を問えない状態）、殺人、放火、強盗、強制性交等、強制わいせつ、傷害といった重大な他害行為を行った人（以下、「対象者」という）の社会復帰を促進することを目的とした制度[7]で、調整官は対象者の社会復帰を支援する仕事です。

対象者が行った他害行為に対し、裁判所は審判で医療観察法による精神科治療が必要と判断されれば、入院もしくは通院が決定されます。入院決定となった場合、全国各地にある医療観察病棟（指定入院医療機関）で高度な精神科治療を受けつつ、対象行為と精神障害との理解を深めるため、疾病教育や他害行為を振り返るための内省プログラム等の治療を受けながら、居住予定地域の病院や施設に外出・外泊訓練を重ねます。

その間、調整官は対象者との面接や入院スタッフとの協議を重ねながら、県市町村役場や保健所、医療機関、相談支援事業所、就労支援事業所といった地域支援者、そして家族らと連携し、対象者が継続した医療を受け安定した地域生活を送ることができるよう、生活環境の調整を進めます。

具体的には、退院後に通院する精神科医療機関の選定、グループホーム等の居住地確保、生活保護や年金等の生計確保、福祉サービス等を選定していきます。この入院治療と生活環境を調整し退院するまでの期間を、「生活環境調整」と呼びます。退院の準備が整えば、指定入院医療機関が保護観察所の意見を付して裁判所に対象者の退院を申立て、裁判所で審判が開かれます。裁判官と精神保健審判員が参与員（地域の精神保健福祉士）の意見を参考に協議し、退院準備が整ったと判断されれば、裁判所は通院を決定し、退院となります。

地域処遇の期間は通院決定の日から起算して三年間と定められており、この期間を「精神保健観察」といいます。この観察期間は対象者の状況に応じ、保護観察所は裁判所へ早期終了や二年を超えない範囲での延長を申立てることが可能です。また、裁判所の決定に対し、対象者や保護者、付添人も決定日の二週間以内に抗告することができます。

地域で対象者は、国が指定した指定通院医療機関での通院治療を継続しながら、必要に応じ、精神科デイケアや訪問看護、就労継続支援やグループホームなど、一般の精神障害者の方と同じ医療や福祉サービスを利用します。地域生活では、定期的にケア会議を開催し、本人と支援者が合議的に処遇の方針を決定します。地域生活で状態が悪化した時は、指定通院医療機関に精神保健福祉法による入院となることもあります。もし、精神保健観察中に対象者が状態悪化し、対象行為と同様の行為を行う具体的・現実的可能性が認められた場合、保護観察所が指定入院医療機関への再入院を裁判所に申立てることができますが、慎重な検討が必要となります。

対象者は必要な医療と安定した生活を継続し、処遇期間が終了すると調整官が支援体制から外れますが、対象者は処遇終了後も一般の精神保健福祉サービスを必要とし医療機関や地域支援者とのかかわりが継続しますから、保護観察所の関与が外れた後こそむしろ本番といえるでしょう。

医療観察法の特徴は、重大な他害行為に対し、裁判所が本人の意思を超えて精神科医療の可否を決定することにあり、再他害行為を防ぎ、最終的には一般の生活者・精神障害者として地域に戻ることをゴールとします。その道のりは平易ではなく、対象者自身の努力や、多くの理解者、制度、社会資源を駆使することが必要になります。そして、この法律の最終目標は、一般精神保健福祉全体の向上をめざしています。

3　司法福祉分野のソーシャルワークの存在意義

医療観察法の対象者は、精神障害だけでなく重大な他害行為を伴った事実が二重のスティグマとなり、地域住民だけでなく、専門機関や支援者も受け入れに強い不安感を伴うこともあります。そして、他害行為の被害者は家族であることも少なくないことから、その調整には極めて慎重な配慮が求められます。

家族が被害者となる背景のひとつに、わが国の精神障害者の多くが家族と同居しその支援を受けている実態も背景として考えられます。対象者のなかには家族からかかわりを拒否され、グループホームの保証人が不在のため居住地の確保が困難になる場合もあります。弁護士や司法書士といった法律の専門職と連携し成年後見制度などを用い、法的支援を整え生活基盤を確保する必要があります。

4　求められる専門性とは

医療観察法の対象者は他の精神障害者と同様に、食事、買物、洗濯、掃除、金銭管理などが苦手である場合や、発達障害を抱える人もあり、地域生活全般にわたる支援が必要な人たちもいます。

ソーシャルワーカーとして必要な支援体制を構築するためには、福祉制度の理解はもとより、対象者がもつ障害特性を正確にアセスメントする力が必要になるため、精神医学や心理学に関する相当の知識は必須です。そして、医療観察法をはじめ、現在の精神保健福祉における支援体制は複数の専門職によるチームアプローチが前提になるため、医師、看護師、作業療法士、臨床心理士、保健師、グループホームの世話人に至るまで、その専門性を把握し、地域の行政や就労支援事業、保健所等の社会資源の役割を理解する、いわゆる「誰が何を担える専門性をもつか」を正確に捉える力量が求められます。

5　社会統制機能と強制性への自覚

司法福祉にかかわるソーシャルワーカーの課題として、社会統制機能と強制性への関与[8]があります。司法福祉に対する社会からの要請は、罪を犯した人の「再犯防止と社会適応」への大きな期待があるため、社会防衛的な役割を求められることがあります[9]。犯罪や他害行為には被害者が存在するため、できる限り少なく減らしていく必要があり、調整官はリスクアセスメントの視点も重視します。

一方、犯罪や他害行為の背景に障害等の理由があることもお伝えしました。人間は一度罪を犯したら、本人のまったく望まない居住地や就労、人間関係等の生き方まで強制されるべきなのでしょうか。そして、時に私たちは無自覚に、社会に適応させることが対象者の幸福に繋がると考え、人を傷つけた人間はそれに従う義務があると正当化しがちです。

ソーシャルワークのグローバル定義に、「社会正義、人権、集団的責任及び多様性尊重の諸原理は、ソーシャルワークの中核をなす。」という一文があります。ソーシャルワーカーの関与が結果として社会からの排除に繋がることや、社会が望む「正しい人間」になることを強要するような、いわゆる社会統制機能に与することに常に自覚を求められますし、社会正義や多様性の尊重について、自身の現場で考え続けることが大事です。

6　おわりに

冒頭に、「なぜ罪を犯した人に福祉が必要か」という問いを提示しました。司法福祉にかかわるソーシャルワーカーたちも、そのジレンマを抱え揺らぎながら実践しています。では、こうした人々を、社会や周囲、そして自分の不安を理由として、地域社会から排除することは許されるのでしょうか。私たちも不安を抱くことは自然な反応かもしれません。しかし、ソーシャルワーカーとして、不安から一歩前に出て、事件に至ったその背景を理解し、回復の可能性について信じ、対象者の味方になり支える覚悟と勇気が必要になるのではないでしょうか。その勇気こそが、私たちソーシャルなワーカーが身につけるべき真の専門性だと思っています。

いつか同じ現場で仲間としてお会いしましょう。

注

（1）原昌平「原記者の『医療・福祉のツボ』ひとりぼっちにしない――下関駅を焼失させた男性の社会復帰」『読売新聞』二〇一七年三月三一日
（2）山本譲司『累犯障害者』新潮社、二〇〇六年
（3）法務省総合研究所研究部「研究部報告52知的障害を有する犯罪者の実態と処遇」四一－四八ページ http://www.moj.go.jp/housouken/housouken03_00072.html?fbclid=IwAR18wRhAiXKaBik-kyFSQah-cHrtcXwpTVjSkCYK18vwYAOXTcbuFXWIjdFc（二〇一九年八月一日閲覧）
（4）佐藤一「累犯障害者の現場から」『ノーマライゼーション　障害者の福祉』日本障害者リハビリテーション協会、二〇一六年九月号
（5）加藤幸雄「司法福祉とは」日本司法福祉学会編、『司法福祉』九頁、生活書院、二〇一七年
（6）熊代昭彦（衆議院議員）「『心神喪失等の状態で重大な他害行為を行った者の医療及び観察等に関する法律案』ができるまでの一断面」月刊『ノーマライゼーション　障害者の福祉』二〇〇二年九月号
（7）法務省「医療観察制度とは」、http://www.moj.go.jp/hogo1/soumu/hogo_hogo11.html（二〇一九年八月一日閲覧）
（8）水藤昌彦「近年の刑事司法と福祉の連携にみるリスクとセキュリティ―福祉機関が『司法化』するメカニズム―」『犯罪社会学研究』第四一号、二〇一六年
（9）掛川直之「福祉と刑事司法との連携が生みだす新たなる排除―社会復帰支援のパラドクス―」『関西都市学研究』一、二〇一七年

認知症支援分野での精神保健福祉実践

金井　緑（樹診療所かまりや）

1　はじめに

厚生労働省が発表した認知症施策推進総合戦略（新オレンジプラン）では、認知症を患う人の数が二〇二五年には七〇〇万人を超えるとの推計値が示されています。二〇一八年時点でも、高齢者の約七人に一人は認知症であるという有病率の推計結果が出ており、認知症は誰もがなりうる身近な疾患という捉え方になってきています。「住み慣れた地域のなかで尊厳が守られ、自分らしく暮らし続けることが出来る社会」をめざすために、ソーシャルワーカー（精神保健福祉士）が認知症の方への支援で何ができるのか、実際に何をしているのかをお伝えできればと思います。

2　現在の職場に至るまで

私は横浜市にある診療所に勤務し、医療福祉相談室の相談員として業務に携わっています。以前は総合病院の精神科病棟の精神保健福祉士として勤務、精神科救急や精神科身体合併症の受け入れの基幹的病院としての業務に毎日追われていました。とてもやりがいのある仕事でしたが、病院は基本的に患者さんが来てからのかかわりが主となります。地域からの医療相談があっても、「ご本人を連れてこられますか?」と確認。それがどうしても困難な場合は「こちらでは対応しかねますね……」と返答することが殆どです。自ら足を運んでこられる方にしか、医療サービスが提供できない。ずっと歯がゆい思いをしていました。そんな時に今の診療所に出会いました。精神科で訪問診療を行い、精神疾患だけでなく身体科の治療も行う。高齢化率も高い地域ゆえに認知症の方も多く、老々介護で通院も困難なご家庭が多い。認知症の方への訪問診療もニーズが高く、そういった方々は介護サービスも利用しているため、ケアマネジャーや地域包括支援センターとの連携も不可欠となります。医療機関も含め他機関との連絡調整は多岐に渡り、訪問診療を円滑に行うにはソーシャルワーカーの力が必要！　それを聞いて私は転職を決めました。総合病院において関わった精神疾患の方の合併症治療にかかる知識も多少なりとも生かせるし、何より訪問診療というアウトリーチな活動によって、医療サービスを届けたくても届けられなかった方たちに何らかの支援ができるかもしれない、と考えたのです。

3　診療所での実践

入職してからは新規訪問診療の依頼の対応、ご家族との訪問診療の契約、定期的訪問診療の同行などの業務をまずは行いました。依頼や相談の窓口を精神保健福祉士に一括することで病院や居宅介護支援事業所、地域包括支援センターも誰に相談して良いか明確となり、やり取りが密になりました。地域関係機関の連絡会などに参加し顔の見える関係作りを行ったことで、訪問診療の患者さんだけでなく外来患者さんの情報共有も行うようになり、より一層診療所へ相談がしやすくなったという評価をいただきました。医師には直接相談しにくい、でも診療所の受付事務だとどうしても情報の伝達のみになりがちです。それをソーシャルワーカーである精神保健福祉士が担うことで、患者さんの家族関係や生活環境、バックグラウンドも含めた情報収集と共有を行うことがより可能となりました。

元来、訪問診療は医師と看護師の二名体制で行っていましたが、精神保健福祉士も同行するようになりました。制度の説明や保険証確認など、事務的な作業も精神保健福祉士が担うことで看護師は看護、ケアに集中できるようになり、また福祉職としての視点が加わることで、生活環境の確認や家族ケアなど、診療以外の情報収集や支援も行えるようになりました。

それと同時に、診療所では認知症無料相談という枠を設け、精神保健福祉士が電話や対面で対応する、認知症に関する相談窓口を開設しました。認知症かもしれないご本人へ、ご家族はどう対応したらよいか。受診に連れていきたいけど、どうしたら連れていけるか。今のかかりつけの医療機関では今一つ納得できる治療とは思えないが、このままでよいのだろうか、などです。医師には気軽に相談できないことも、ソーシャルワーカー（精神保健福祉士）になら聞いてみようかな、という気持ちになるようです。

認知症に関するさまざまな疑問や不安への対応、医療サービスに繋がるための工夫を伝える。福祉専門職としての知識をもち、医療職より身近な存在である精神保健福祉士が、福祉や介護の制度説明など患者さんご家族のニーズに合わせた情報を提供する。ご家族が一人で悩まずに済み、新たな情報を得る場所がみつかり、ご本人が医療に繋がる糸口ができる。患者さんやご家族が安心して暮らせるお手伝いをしていると考えています。

入職してから約一年後、横浜市からの委託事業である認知症初期集中支援チーム（以下、支援チーム）を受託しました。支援チームとは、認知症が疑われる人や認知症の人及びそのご家族を訪問し、初期の支援を包括的、集中的に行い自立生活のサポートを行うものです。複数の専門職によりチームは構成され、私たちのチームは認知症専門医、看護師、そして精神保健福祉士がメンバーです。チームはご本人の状態像の包括的観察・評価も行うため、看護師や専門医の視点が必要となり、また介護サービスの利用勧奨やその人に合った制度利用の検討など、福祉や介護の視点も必要となります。ご家族に対しての認知症の症状に応じた助言や精神的サポートなどの家族ケアも重要となるため、疾患のみにフォーカスせず、幅広い視点で支援することが求められます。

4　事例紹介

ここで一つ支援チームでかかわった事例を紹介します。七六歳、男性、独居。不衛生で近隣から苦情が絶えず、受診やサービス利用に拒否が強い方でした。まずはご本人に会うことと状況確認を目的として精神保健福祉士と看護師で訪問を行いました。室内は雑然としており、足の踏み場もないほど物であふれ、非常に不衛生な状態でした。ご本人は訪問に大きな拒否はなく、同じ話の繰り返しや失見当識など認知機能低下もありましたが、幻覚妄想があり、統合失調症の陽性症状が強い印象を受けました。次の訪問では金銭管理も着替えもまったくできていないことを確認。訪問を繰り返すことで関係性を築き上げていき、大量のごみを処分、着替えをしてもらうなど生活改善を図りました。医療や介護サービスにようやく繋げられそうかと思ったところ、各種保険証も見当たらず、区役所の地区担当に相談し再発行の手続きや保険料滞納分の支払い代行を行いました。それでも受診に連れ出すことは困難と判断し、訪問診療を開始しました。初回の訪問診療では当初拒否もありましたが、バイタル測定などを看護師と共に説明すると素直に応じてくれました。血圧が一八〇と高値でしたが、本人一人では服薬管理できる状況ではなく、ヘルパー導入などの介護サービスの調整後、服薬を開始する予定としました。その後もしばらく訪問診療にて様子観察していましたが、室内で倒れ、病院に入院。今後は施設入所予定となり、支援チームとしての支援は終了となりました。

この事例でいえることは、一つ目に精神科の訪問診療を行っている私や診療所の看護師は、精神症状の見立てや、精神疾患の方へのかかわりが豊富であり、適切な評価や信頼関係構築に繋がりやすかったということです。二つ目に、多職種チームにより医療的・福祉的な視点からの包括的な関与ができたということです。看護師のかかわりは身体状況のチェック、保清などが主体ですが、金銭管理の対処や保険証の再発行に意識を向けることなどは精神保健福祉士が同行していたためにできたことだと思います。高齢者、特に認知症等の精神症状を有するケースの場合、多層的な問題をもっていることが多く、さまざまな応用力が重要かつ不可欠であることを改めて認識しました。

5　関係機関、地域との連携、関係性作り

上記事例の支援のように、地域包括支援センターをはじめとした他機関との連携も非常に多くあります。訪問診療を受けている高齢者の方、認知症の患者さんには担当ケアマネジャーがいることが多く、ご家族と同様ケアマネジャーとの連絡調整も度々あります。医師が診察室で説明した内容のすべてが患者さんやご家族に適切に理解いただけていないこともあり、本当に医師が伝えたいことがケアマネジャーに届かないことも多いのです。その橋渡しを精神保健福祉士が行っています。他にも地域包括支援センターとの介護サービスの導入の依頼、区役所との高齢者虐待の相談など、他機関との対応はさまざまあります。それらを医療職ではなく、事務職でもなく、福祉職である精神保健福祉士が行うことで、ご本人だけでなくご本人を取り巻く環境、生活状況も含めた相談や情報共有がなしえるのです。

また、認知症のことをもっと知ってもらいたい、地域に根差した診療所をめざしたい、という願いも

あり、各地域の民生委員の定例会の場や、地域の市民公開講座等にも参加しています。そこでは支援チームの説明や、認知症の講座を開かせていただいています。地域の人たちに疾患の理解を広めることで、認知症は誰もがなりうる疾患であること、早めの治療や介入が重要であること、隣近所の方がちょっとした変化に気づくのが大切だと知ってもらいたい。医療や介護のサービス、必要な制度に繋がるきっかけづくりになれば、と思っています。このように地域づくりを行うこともマクロの視点でソーシャルワークの業務としては重要であり、何より診療所に医療と介護、福祉の橋渡しができる人材がいるということを関係機関や地域の方々に知っていただくことが大切だと考えています。

参考文献

「認知症初期集中支援チーム員研修テキスト　平成二八年度版」
国立研究開発法人国立長寿医療研究センター

変化の「兆し」を探していく―依存症支援分野でのソーシャルワーク支援―

高橋　陽介（久里浜医療センター）

私は二〇〇一年に福祉系大学卒業後、札幌市の精神科病院に就職しました。そこでアルコールをはじめとした依存症治療病棟の担当ＰＳＷとなり、さまざまな精神科ソーシャルワーク業務を担当し、二〇一三年に現職の久里浜医療センターに勤めて現在に至ります。本節では依存症支援の実際やそこでの経験、研鑽の過程などを紹介しながら、本領域におけるソーシャルワークの意味について述べます。

1 依存症の治療

ここでは、代表例であるアルコール依存症を題材に述べます。依存症の疑いをもつ人の「お酒の飲み方」を最初に心配するのは周りにいる家族です。家族は、仕事に行けない、家族との約束を守れないなどの問題を起こす本人に「これ以上飲まないほうがいい」と説得するなどの働きかけをします。しかし依存症の進行に伴い、病的な強い飲酒欲求や、お酒が抜けてしらふになった際に、手の震えや発汗といった「離脱症状」も生じるため、自身で飲酒量をコントロールすることが難しくなります。問題が深刻化してくると、家族は受診や相談の必要性を考えるようになります。

二〇一三年にアルコール健康障害対策基本法が成立して以降、行政の相談窓口設置や、各地域で治療拠点となる病院の整備が進むなど、身近に相談できる場所は増えつつあります。家族が最初に相談する際の課題は、「本人が治療を受けようと感じられるか」という点です。本人の飲酒問題に対する過小評価や、治療への不安から、受診に拒否的な態度を示すことも少なくありません。病院のＰＳＷとして家族の受診相談にかかわる際には、家族の主訴（相談でどのようなことを聞きたいのか）、病院を誰にどのように紹介されたのかなどを最初に確認しながら、「本人はどのようなことに困っているのか、そのことは受診するきっかけになるのか」について家族と検討していきます。相談後の家族が本人に受診の働きかけをした結果、本人が依存症の専門治療につながっていきます。

わが国での依存症治療は、一九六三年に国内で最初にアルコール依存症の専門病棟を設置した久里浜医療センターの治療プログラムが、支援者向けの研修などを通して全国の医療機関に広がり、実践されてきました。現在ではクリニックでのデイケアなど、外来治療の仕組みも整ってきています。治療では適宜服薬を活用しながら、集団でのミーティングや、テキストなどを用いたグループワークなどを通して、「依存症についての知識を得ること」「再飲酒の場面を想定してそれを具体的に回避すること」等を学んでいきます。「すっかり断酒していく」というよりも、「退院後、あるいは外来通院中に、何度か再飲酒の経験をしながら、治療継続して少しずつ断酒期間を延ばしていく」という回復が多い印象です。また回復には断酒会やＡＡ（アルコホーリクス・アノニマス）といった自助グループ（セルフヘルプグループ）で「飲まない仲間とつながっていく」ことが推奨されます。このような治療を通して、「飲酒しなくてもそれなりに生活できるような環境づくり」に取り組むこととなります。

2　アルコール病棟担当になった際の戸惑い

担当が少ない最初の頃は、病棟のデイルームでよく入院患者さんが話し相手になってくれました。彼らは学習会や各種ミーティング、作業療法などの日課をこなしつつ、空き時間はよくデイルームで交流していました。彼らは、私のわからない断酒の難しさを面白おかしく話してくれました。最初の印象は「自分の状態がよくわかっている人たちだ。彼らにどういう治療が必要なのだろう」という感覚でした。

少しずつ担当が増えてきて、同時に、家族からの受診相談を電話や来院で受け始めると、最初に彼らに感じた印象が「彼らの一部」でしかなかったことを知りました。

担当になった方たちは、何度か入退院を繰り返しました。入院当初にさまざまな生活問題を一緒に解決しても、再入院した時にはまたトラブルをいくつか抱えていました。一見すると「前と同じように見える」状況でした。私は治療を通して彼らが順調に変わっていくものだというイメージがあったため、そうではないことに戸惑いました。彼らの繰り返す問題に疲弊していると、私の不満は態度で伝わるようで、「話をちゃんと聞いてくれない」「担当PSWを代えてくれ」と何度かいわれるようになりました。家族からの受診相談も戸惑いの多いものでした。家族は疲弊していたり、怒りを抱えていたり、解決のための方法を知りたいと懸命に相談をしてきます。当時「家族が問題を代わりに解決するから本人が治療意志をもてない」というイメージを書籍や研修などで理解していました。重要なことは、それを「家族が理解できるようにどのように伝えるか」という点だったのですが、当時の私は、家族にストレートにそれを伝えてしまい、落ち込んだ家族の相談が一度で終わってしまうことも経験しました。依存症の病気のもつ影響を私自身も受けていたのだと思います。

3　苦労を乗り切るためのつながり、研鑽のサイクル

この時期を乗り切れた要因を振り返ってみると、一つ目には、依存症支援に取り組む他機関のPSW仲間がいたことでした。先輩PSWの誘いで日本アルコール関連問題ソーシャルワーカー協会（ASW）の北海道支部の例会にも通い始めました。そこには、アルコール関連問題にかかわる病院、地域のPSWたちが集まっていました。自分の現場での気持ちを話すことができて、さらに現場にいるためにどういう勉強をするといいのか、といったことがわかる場でした。当時は例会で抄読会などもしており、関連の専門書を読む習慣がつきました。またASWは年に一度、全国研究大会があり、全国各地に仲間たちと勉強をしに行きました。大会で依存症治療の最前線にいる先輩たちと出会い、パワーをもらっていました。またASWの先輩からは二年間、個別にスーパービジョンを受けたことも、自身のアセスメントのやり方を確立することにつながる経験でした。

二つ目に、定期的に研修会に参加をしたことでした。久里浜医療センターで毎年開催されている「ア

ルコール依存症全国臨床医等研修ＰＳＷコース」やＡＳＷで定期的に開催されていた各種研修に毎年一つから二つは参加するようにしていました。研修を通して、依存症治療の構造などの全体理解に加えて、「面接の仕方」「初期介入」「家族支援」などの具体的な進め方を学ぶことができました。それまでも自分なりに「患者さん自身の希望を聞きたい」「家族の相談に応じたい」と取り組んでいましたが、面接で彼らが語ろうと思ってもらうための、こちら側の準備、具体的には「雰囲気」「環境」「言葉かけ」など、すべてが不十分だと気づきました。初回面接の進め方、そこで主訴を聞き、状況を聞き取るためにどのように何を聞くのか、面接の終わりに方向付けをするにはどうしたらいいか、など細かな「型」を知ったことで、より落ち着いて彼らの言葉に耳を傾けられるようになりました。家族面接でも、家族が何を期待しているのかという主訴に耳を傾けながら、同時に暴力や経済問題など「飲酒問題によって起きていることで深刻なこと、優先度の高いものは何か」ということをアセスメントしていくようになりました。同時に「自分の所属機関でできることはどこまでだろうか」「他の相談機関を使う可能性はあるか」「緊急度が低い場合は、家族も自助グループに通うようなことができるか」など、担当医とも意見交換しながら検討するようになりました。

三つ目は、自助グループのミーティングに参加して「当事者の語り」を聞いたことです。面接や対応に慣れてきても、彼らが繰り返す飲酒や問題行動の意味を理解するのは、なかなか難しいこともあります。ＡＳＷ仲間の勧めもあり、回復支援の手がかりがないかと考えて、私もＡＡのミーティングに通ったり、ＮＡ（ナルコティクス・アノニマス：薬物依存症者の自助グループ）の関係者向けセミナーに参加したりすることを繰り返しました。当事者の語りを聞くことは、「漠然と日々やめていくことの難しさ」「ふつうに過ごすことの大変さ」「病院や治療が、当事者にはどのように見えるのか」など、多くの学びがありました。少しずつ「かかわりの難しい患者さん」という見方から「手ごわい疾患と向き合う人」という実感をもてるようになりました。

4　依存症支援におけるソーシャルワークの意味

依存症問題が深刻な状況では、いろいろなことが変化しづらい「膠着《こうちゃく》した状態」であることが少なくありません。その結果、周囲から孤立し、さらに依存症本人や家族も落ち込みや苛立ちを増加させて、より周囲が「かかわりづらい状況」になります。こういう状況を前にすると、今でも足がすくむことがあります。こうした場面では、彼らにまとわりつく「生きづらさ」が、依存症という病気の影響を強烈に受けた結果だと考えると、少しだけ冷静に支援ができるようになります。また、少しだけ想像力を発揮して、「もともとアルコールや薬物は彼らに何かのメリットがあったはずじゃないだろうか」という発想から、彼らが依存にのめりこむ背景や、そうした依存を必要とした「社会で感じてきた彼らの生きづらさ」みたいなものを感じることもあります。そうすると、また少し冷静になれます。彼らの求めていることはどういうことなのだろうか、それに対して、彼らの周りにいる私や私のいる病院、そしてその先にどういう支援者が対応していけるのだろうか、ということを考えながら彼らと関わっていきます。

私たちがソーシャルワークを通して依存症者やその家族にかかわる意味とは、一見同じようなパターンを繰り返しているように見える彼らとのかかわりにおいて、「かかわり続ける」ことで、「変化の兆しを探していく」という点にあると思います。入退院を繰り返すような、中長期的な支援を必要とする方たちとのかかわりにおいては、「似たように見えるこのパターンのなかで、変化していることはなんだろう」という視点を常にもちながら、生活問題に一緒に向き合うようにしています。そして変化の兆しを共有しながら、少しずつ彼らが良い変化を続けられるように支援をしたいと考えています。

本節がPSWをめざすみなさんにとって、依存症支援に興味をもつきっかけになればとても嬉しいです。

災害支援分野における精神保健福祉実践

高木　善史（日本福祉大学）

一九九五年一月一七日午前五時四六分、ドドドッ、ガタガタガタガタッ、「ん?　なんだ?」。当時高校生のわたしは、それまで経験したことのない大きな揺れのなか「何が起こっているのか?」と、夢のなかにいたことを今でも覚えています。しばらくして、ドンドンドンドンッ、「大丈夫か!?」と、父親の叫ぶ声が段々とわたしのなかに大きく入ってくるのがわかり、「えっ？　どうした？　何があった？」とやっと目が覚め、地震が起きたことを理解しました。兵庫県淡路島北部を震源としたマグニチュード七・三の「阪神・淡路大震災」です。私の通う高校でも自宅の倒壊や半壊などで被害を受け、しばらく避難所生活を強いられた方や不幸にも亡くなられた方もいました。自宅近くには、仮設住宅が建てられ、避難されていた方のなかには残念ながら自殺された方もいたことを克明に覚えています。これが、わたしにとって最初の災害との出会いとなります。二度目は、東日本大震災（二〇一一年）を茨城県で被災、この災害から支援者という立場としての経験がはじまりました。

1　災害支援分野の概要

わが国は災害大国であり、世界で発生する地震の約二割が日本で起こっているといわれています。[1]災害は、被災地域の対処能力をはるかに超えた、生態学的・心理社会的に重大な崩壊と定義されます。[1]近年、世界的にみても自然災害の発生頻度は増しており、毎年約一億五千万人以上の人々が災害の影響を受けています。[2]また、国連防災機関（United Nations Office for Disaster Reduction）は、一九九八年〜二〇一七年の二〇年間に自然災害によって世界全体で一三〇万人が死亡し、経済損失額としては約三三〇兆円に上ることを報告しています。[3]国内の最近の災害を振り返ってみても、地震や台風などによる水害が頻発しており、今後起こる可能性が指摘されている南海トラフ地震では約三二万人の犠牲者が生じるともいわれています。

しかしながら、災害はいつ発生するのか？　どれぐらいの規模でどのような被害をこうむるのか？　などすべてを予期予測することは困難です。だからこそ、いつ発生するかわからない災害に対して、普段（平時）からの防災・減災の準備や体制づくり、基本的な知識、心構えなどが大切と考えられています。つまり、保健医療福祉にかかわる専門職は、誰でも災害支援が行えるように平時から準備しておくことが求められるといえます。ここでは、これまでのわが国における災害支援活動を振り返り、災害支援分野での精神保健福祉実践について紹介します。

災害時保健医療にかかわる実践的な知識や対応は、伊勢湾台風（一九五九年）や十勝沖地震（一九六八年）、長崎大水害（一九八二年）など過去の災害の支援経験によって培われてきました。また精神保健医療福祉の観点からみると、わが国で最初に精神支援活動が行われたのは、雲仙普賢岳噴火災害（一九九一年）での精神科医と保健師の活動と報告されています。次に北海道南西沖地震（一九九三年）では、大学の心理学専門家を中心に保健師と共に心理社会的支援が実施されています[4]。

わが国の災害支援活動において大きな転換期となったのは、阪神・淡路大震災といわれています。この災害では、初めて全国の保健医療福祉の専門家による支援が行われました。このなかには精神科医や看護師、精神科ソーシャルワーカーなどの精神保健医療福祉の専門家も含まれており、被災地の行政機関や専門家と共同で「こころのケアチーム」として被災者のほうに出向くアウトリーチ活動の〝こころのケア活動〟が展開されました。また阪神・淡路大震災の活動は、多くの課題が浮き彫りとなり教訓として生かすため、二〇〇五年四月「災害派遣医療チーム（Disaster Medical Assistance Team：DMAT）」が厚生労働省により発足しました[5]。

2　災害時こころのケアとDPATについて

こころのケアチームは、新潟県中越地震（二〇〇四年）、東日本大震災のときにも、全国から被災地に派遣され被災地でこころのケアが取り組まれています。東日本大震災では、こころのケア活動において多数の課題があげられ、主要な課題として次の三点に整理されました。

一つ目は、急性期の精神保健医療支援の必要性です。被災を受けた精神科病院が三日間気づかれず救援が届かなかったため、入院患者二四名が死亡するということがありました[6]。また、全国からこころのケアチームとして実人数三、二〇七人が派遣されましたが、最初に被災地に入ったのは発災後一週間が経ってからで、発災直後の公的な精神科医療の外部支援は皆無でした。二つ目は、統括体制の必要性、指示系統の整備の必要性です。こころのケアチームは、全国から派遣されて支援に入りましたが、どの指揮の下で何を行うのか、明確にされないまま支援活動を行いました。このため、他の支援団体との連携が図れないことも多く、逆に被災地の保健行政機関を混乱させて支援に支障がでることもありました。三つ目は、平時の準備の必要性です。平時から精神保健医療として、精神科救急、合併症医療、地域精神保健などの課題を明確にして体制を整備することで、災害時においても円滑な対応ができると考えられました。また、災害支援の質の担保のため、定期的に研修を行う必要性も考えられました。以上のように災害時の精神保健医療の課題について検討され、災害発生直後から組織的に対応することを目的として、二〇一三年厚生労働省により「災害派遣精神医療チーム（Disaster Psychiatric Assistance Team：DPAT）」が設立されました。(7)

ＤＰＡＴとは、自然災害や犯罪事件・航空機・列車事故等の集団災害が発生した場合、発災当日から遅くとも四八時間以内に活動を行う精神保健医療チームのことです。ＤＰＡＴは都道府県・政令市によって組織され、災害時は災害対策基本法に基づき被災都道府県の派遣斡旋の要請を受けて派遣されます。ＤＰＡＴ各班の職種構成は、精神科医師、看護師、業務調整員三名を最低限の構成隊員とし、業務調整員には精神保健福祉士、社会福祉士、心理士、薬剤師、事務などが担います。活動期間は、数日から一週間程度で本部業務、被災地の支援、入院患者搬送などを行います。(8) ＤＰＡＴは、漫画『コウノドリ』（鈴ノ木ユウ／講談社）でも紹介されています。

3 災害がもたらす被災者の心理状態の変化と対処

災害は被災者にさまざまな心理社会的な影響を与えます。災害後、被災者に生じる心理状態は、概ね①茫然自失期（災害発生後数時間から数日間）、②英雄期・ハネムーン期（災害発生数日後から数週間または数カ月間）、③幻滅期（災害発生数週間後から年余）、④復興期（災害発生一年後以降）といった段階を踏んで経過するといわれています[9]（図表3－2）。この心の動きは、「災害という異常な事態に対する正常な反応」で、誰にでも起こることであるとされています。そのため、被災者や被災を受けながら支援にあたっている方たちに対して

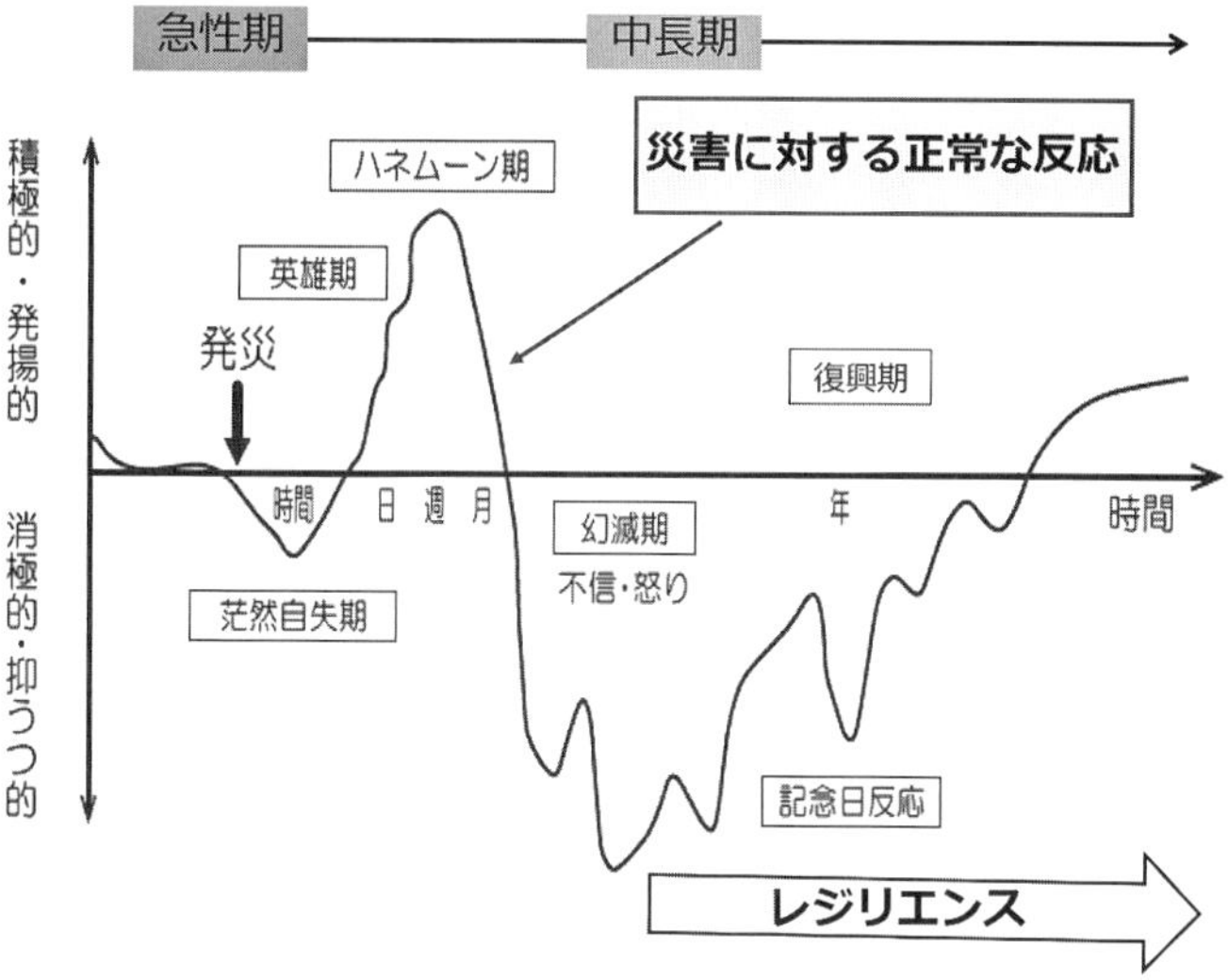

図表3－2　被災者の心理状態の変化
出所：金吉晴『心的トラウマの理解とケア第二版』じほう，2006年，66頁を筆者改変して引用

この心の動きを積極的に伝えることが大切です。私が支援に入った東日本大震災や熊本地震のときも、このことを伝えると「自分自身のことが不安になっていたので、そのことを聞いて安心しました。」と話される方が多かったです。被災者自身が心や体に起こることがストレスによって生じていると認識し、ストレスは自分だけでなく誰にでも起こり得ると捉えることが重要となります。他方、「こころのケア」はネガティブな感情を抱きやすいことも自覚しておく必要があります。実際の支援においては、身体状態を確認しながら精神・心理的状態の把握を行うなど被災者が語りやすいよう意識的に工夫することが大切です。なお被災者を支援する手法としては、サイコロジカル・ファーストエイド（Psychological First Aid：PFA）が有効とされています。

4　災害支援分野でのソーシャルワーク実践

ソーシャルワークは、病気、障害、貧困、仕事、子育て、介護など生活上で何らかの生活のしづらさを抱えている方にかかわります。災害が発生したとしても個人の生活は断片化できない全体的・連続的なものであり、他者が代わりに生きることなどできず、ソーシャルワークは被災された住民を主体として支援し続ける使命と役割があるとされます。したがって、災害時においてもソーシャルワークの目的や方法は基本的に変わらないとされます[10]。かかわりを基盤として、被災者と環境の相互作用に生活問題を捉え、被災者がエンパワーできるよう個と地域の包括的な支援を踏まえたネットワークづくりに働きかける専門性をもちます。しかしながら、ソーシャルワークの対象とする障害者、乳幼児、高齢者などは支援を要する災害時要援護者と位置づけられ、障害者は災害時において避難の困難さに見舞われることは実証されてきており、障害者世帯の六割が適切な支援が得られなかったという報告もみられます[11]。つまり、災害という特異な事態によってニーズが多変となるため、よりソーシャルワークの提供が求められることを心得ておく必要があると考えます。ＤＰＡＴやこころのケア、被災地の支援者など、どの立場であっても、ソーシャルワーカーは被災者の日々の生活や将来の生活のなかでの人や状況とのかかわり、関係性に目を向け豊かにすることにつながる支援を目指す役割が大切となります。以上のことを平時より心がけておくことを期待して、稿を終えたいと思います。

注

（1）金吉晴『心的トラウマの理解とケア第二版』じほう、二〇〇六年、六三頁
（2）North, C. S., Disaster Mental Health Epidemiology: Methodological Review and Interpretation of Research Findings, *Psychiatry*, 79, 2016: 130-146.
（3）UNISDR. *ECONOMIC LOSSES, POVERTY & DISASTERS 1998-2017*, 2018.
（4）大塚耕太郎・加藤寛・金吉晴・松本和紀編『災害時のメンタルヘルス』医学書院、二〇一六年、六一－九頁
（5）厚生労働省ＤＭＡＴ事務局　http://www.dmat.jp/dmat/dmat.html（二〇一九年八月三一日閲覧）

(6)『河北新報』二〇一五年一二月一二日
(7)渡路子「これからの災害支援~DPATの実践と今後の取組~」『日本社会精神医学会雑誌』、二七号、二〇一八年、二九三-三〇〇頁
(8)厚生労働省DPAT事務局『DPAT活動マニュアルVer.2.0』二〇一八年
(9)金吉晴『心的トラウマの理解とケア第二版』じほう、二〇〇六年、六六頁を筆者改変して引用
(10)上野谷加代子『災害ソーシャルワーク入門 被災地の実践知から学ぶ』中央法規、二〇一三年、一四-一七頁
(11)佐久間篤・富田博秋「災害精神医学からみる復興と障害 障害にかかわる医療福祉保健従事者に必要な知識とスキル」『総合リハビリテーション』第四五巻一二号、医学書院、二〇一七年、一二一一-一二一八頁

PSWからのメッセージ⑤

社会経験という財産を活かして

当院の家族会は、二〇一八年度に市議会へ、精神障害者の医療費助成制度について陳情を行いました。精神保健福祉士が家族会の事務局を務めていますので、陳情書を作成したり市議会議員へ家族会への参加を要請したり、と準備を進め、そしてご家族の代表者と精神保健福祉士が市議会に出席し、意見陳述を行いました。最終的には、市議会の本会議にて当方の陳情内容が採択されました。

精神保健福祉士は社会保障制度の知識をもって、まずは精神障害者とご家族（以下、当事者）に社会制度の現状を伝えました。これは当事者の「知る権利」といえます。そこで精神保健福祉士は、当事者のニーズ（制度の改善希望）を把握するとともに、そのニーズに対して「権利擁護の視点」といった専門性をもって援助したかたちです。この陳情と採択は精神保健福祉士だけでは実現しなかったと思われ、当事者の力とともに、当事者の方々との協働で取り組めたことは、精神保健福祉士ならではの実践といえるでしょう。

この実践ですが、新聞も満足に読まなかった自身の学生時代及び新卒時代を振り返ると、到底できるものではありません。私自身の社会経験が、政策や制度が施行されていく社会の仕組みを知らず知らずのうちに理解し、実践できたのではないかと思います。社会経験のある方々は、子育て、介護、婚姻、葬儀、ローン、町内会、近所付き合い、といった社会にあふれるさまざまな事柄を経験され、それらをいろいろな角度から見る力があると思います。その力と自身の経験をフィルターにしながら、精神保健福祉士の知識を得てソーシャルワーク（援助技術）をされれば、強力な援助者になられると思います。

社会経験という財産を活かして、現場で一緒に挑戦しませんか。

荒川　豊（豊科病院：長野）

人生の経験が生かされる仕事

精神・発達障害のある人②

ソーシャルワーカーは人の人生を共に歩む仕事であり、それぞれが歩んできた人生は糧となります。また、私の周りには、精神疾患などのこころの生きづらさを抱えた経験から資格を取得する方も多いです。

ここでは、精神的に困難を経験し、社会人で精神保健福祉士の資格を取得した一人のエピソードを紹介します。

《稲垣麻里子氏・多機能型事業所 PEER+design》

彼女は二十代の時に体調を崩し、半年ほど精神科病院へ入院しました。入院中、職員の前で口を開け順番に薬を飲まされた経験や、彼女の兄がプレゼントしてくれた服にマジックで記名されたことなど、人扱いされていないことがショックだったと話します。

退院した後に、精神保健福祉センターや社会復帰学級へ通所し、専門職の方が同じように人として関わってくれたことで福祉の仕事に興味をもちました。ヘルパーの資格を取得して、知的障害や自閉症の方の施設で働き、「自分がされて嫌だったこと」をしたくないという想いから、人として対等な関係性の精神保健福祉士をめざしました。彼女は精神保健福祉士として、「普段から助けられることも多く、自分ができないことは周りの方に支えて貰いながら、エンパワメントを引き出せる精神保健福祉士でありたい」と語っています。

矢部　滋也（北海道ピアサポート協会　多機能型事業所 PEER+design：北海道）

精神・発達障害のある人③

私と社会をつなぐソーシャルワーカー

酒が原因で解雇、アルコール依存症治療プログラムのある精神科病院で四ヵ月間入院。退院と同時に主治医・病院のソーシャルワーカーに勧められ断酒会が運営する作業所に一年間通所。作業所にはプログラムを通して社会復帰をめざす十数名の仲間が通所していました。そこでは若い女性のソーシャルワーカー（Y子ワーカー）と当事者職員一名が酒を飲まない日々を過ごす支援をしてくれていました。そこで過ごした一年は、毎夜の断酒例会通いと昼間の作業所通いという狭い世界。入院に至るまでの生活はアルコールに支配され、家族はじめ周りの誰からも信頼されず恐ろしいくらいの独りぼっちの毎日で、社会との接点は皆無に等しいものでした。断酒会での人との触れ合いはあるものの、一般社会との接点は一般社会人であるY子ワーカーを通したものだけで、その唯一の接点が社会との疎外感に苛まれていた私が一歩を踏み出す背中を押してくれました。園芸作業、ミーティング、個人面談やフリーな時間のなかでY子ワーカーに人として対等に扱ってもらえることに驚き、また私自身の立場や環境を踏まえた会話を通して、同じ高さで寄り添ってもらえる嬉しさを、乾いた砂に水が浸み込むように感じました。異常な飲酒に走らざるを得なかった生きづらさがあったことを私自身が気付ける、変わることができるヒントとなる言葉をたくさんもらい、今もその言葉のいくつかを大切に反芻しながら生きています。人生経験を豊富にもっている社会人の方々がソーシャルワーカーをめざされることは、支援を受ける人々にとって、当事者に生きる力を与える大きな力に繋がることと確信します。いまY子ワーカーは二〇余年の人生経験を経て家庭をもち人生の喜怒哀楽を体験され、多様性をもった心豊かな寄り添い人として社会との掛け橋になって活躍しておられます。

林　藤孝（愛知県断酒連合会：愛知）

第四章　社会人学生として精神保健福祉士をめざす

I　今までの人生経験とソーシャルワークを学ぶ意味

1　経験による力と怖さ

(1)　熱き思い

精神保健福祉士をめざす社会人学生の多くは、これまでの人生経験のなかで、心を動かされる何らかの出来事に遭遇し、そのことが資格取得への動機づけになっていることが少なくありません。それは、熱き思いとして。

そのなかにおいて、少なからず見られるのが、「同僚や友人が精神疾患になり苦しんでいたが、救えなかった。その時のことを思い出すと、悔しい。なので、自分は今後、精神保健福祉士になる」と。これはストーリーとしては、わかります。また、精神保健福祉士になるためのきっかけとして、という意味でも理解はできます。

ただし、なのです。この段階のことが、精神保健福祉士になるための理由そのものとなってしまうと、いささか心配になってしまいます。なぜなら、精神障害のある人の理解に努め、自らができることを考えるのならば、精神保健福祉士にならなくとも、精神保健福祉ボランティアをはじめ、一市民としての活動も十分考えられるからです。また、精神障害のある人の家族の立場ならば、家族会活動も。あるいは、自身が精神障害を有するのならば、ピアサポーターとしての生き方もできるのです。

(2) 精神保健福祉士になる覚悟

精神保健福祉士をめざすのならば、これらのさまざまな生き方を選択肢として知りながらも、他の誰でもない自分が、社会福祉専門職として精神保健福祉士になる覚悟が求められます。必要なことは、昇華《しょうか》です。ゆえに、熱き思いからみなぎるエネルギーを大切にしつつも、精神保健福祉士とは、いかなる機能と役割が求められるのかを理解し、そのうえで、自らが精神保健福祉士になるためには、どのような取り組みが必要かを明確にする必要があるのです。そこまでの努力を求めます。

それは、自身がやりたいことだけで終わらない・完結しない、真の精神保健福祉士に成りゆく決意と行動。精神障害といっても多様であること。また、家族に目を向けることも大切であること。これらのことをはじめ、精神障害のある人を取り巻くさまざまなことに関心をもって、精神保健福祉士が果たすべき機能や役割に目を向けるのです。

でも、これらのことは、到底単独で学習できるものではありません。そこで、大学等で体系的な精神保健福祉士に向けた学びが求められるのです。

(3) 謙虚さと誠実さ

とりわけ実習では、意識的に「私は、本気で精神保健福祉士になるために、今ここにいます。そのために必要なことを謙虚に学びます。どんなことでも結構です。私が精神保健福祉士になるために必要なことを、指導してください」と敬意をもって、実習指導者に伝えることが大切だといえます。そして、指導されたことを受け止め、その意味を考え、行動に反映するのです。

そのようにして、社会人学生から、謙虚にかつ誠実に精神保健福祉士をめざす姿を魅せられれば、実習指導者は、社会人学生のストレングスに目が向きます。人は本気で、真摯に目標へ向かっている人を応援したくなります。何よりも、そのような人材を、現場は求めているのです。

(4) 超えなければいけない壁

半面、社会人学生は、これまでの人生経験によって、周囲への遠慮から、自らの行動にブレーキをかけてしまうことが少なくありません。もちろん、人生経験によって、周囲に配慮ができる人は素敵です。ただし、遠慮と配慮は明らかに異なります。知らず知らずのうちに、これまでの人生経験から、他者との関係性を構築する際、一定の壁を作ってしまうことがあるのです。それは、私人としての日常生活でなら構いません。ですが、精神保健福祉士としてであれば、超えなければいけない壁になります。なぜなら、社会には支援が届かず、社会的復権ができていない多くの精神障害のある人が存在するからです。他方、社会人学生のなかには、他者とのかかわりにおいて「行動がすべて」といって、アクセルを踏み続ける人もいます。この場合は逆に、吟味しながら行動する力を身につけることが、超えなければいけない壁になります。

いずれにせよ、人はこれまでの人生経験によって身につけた、自身の性格や行動特性を変えることは簡単ではありません。ところが、精神障害のある人や家族の実態を知り、精神保健福祉士として、取り組むべき事柄を誠実に考えることによって、意識的かつ意欲的に「変えていこう」、という力が湧き出るのです。それは、自分に対しても、社会に対しても。それこそが、ソーシャルワークを学ぶ意味だといえます。

2 価値・知識・技術が織りなす循環的相互作用

(1) 精神保健福祉士に求められる専門性

ひるがえって、ソーシャルワーカーとしての精神保健福祉士の専門性とは何か。そのことを示しているのが、図表4－1です。

まずは知識です。図表4－1のⅠに「知識」を示しているように、疾患と障害を抱える精神障害のある人が地域で生活するには、医療費助成の制度、障害年金や生活保護制度を始めとする、制度やサービスという社会資源が必要。また、地域にどのような日中活動の場が存在するかや、人的な社会資源のかかわりが見込めるのかという情報も重要。このように、精神保健福祉士には、選択肢として、使える・活かせる知識が求められるのです。

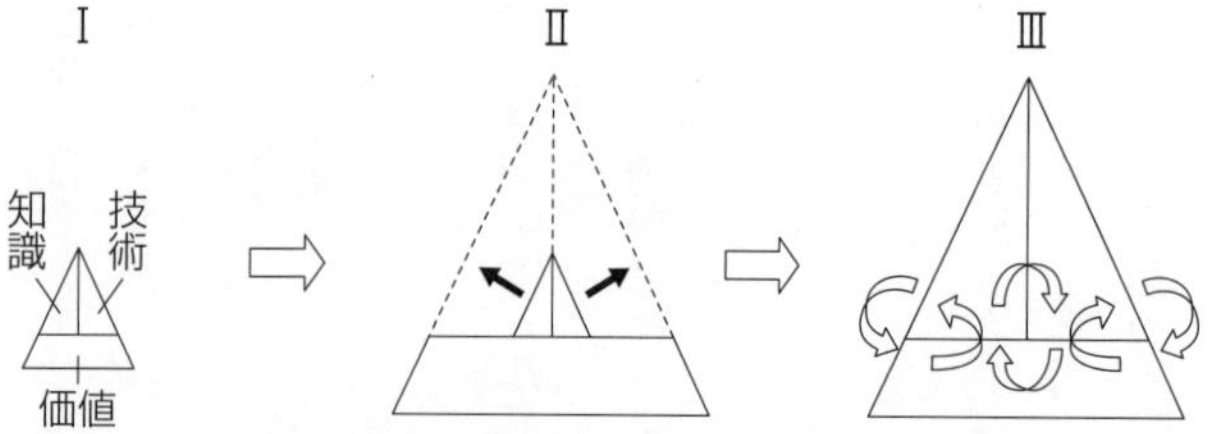

図表4－1　精神保健福祉士の専門性が構築される価値・知識・技術の三層構造

出所：青木聖久『第三版　精神保健福祉士の魅力と可能性』やどかり出版，2015，215頁を一部加筆修正

また、図表4－1のⅠに「技術」を示しているように、前出の知識を駆使しながらも、どのようにそれらの知識を本人に伝えるかという面接技術。さらには、地域の人的社会資源をつないでいくネットワークを構築していく力も大切です。

少なくとも、この知識と技術は、社会人学生自身、精神保健福祉士をめざそうと考えるなかでは、必要性を常々感じていることでしょう。ただし、この知識と技術だけでは、到底専門職とはいえません。その理由として、たとえば、精神科病院に長期入院をしており、いつも横柄《おうへい》な態度をとっているように映るAさんと、穏やかで気遣いが前面に出ているBさんがいるとします。すると、あなたは、AさんよりもBさんの支援をしたい、と思ってしまわないでしょうか。ところが、です。精神保健福祉士は、支援対象者を選んではいけないのです。

その際、ソーシャルワークを学ぶことによって、表面的理解にとどまらず、多様な視点をもつことによって、Aさんに対する見え方が変わります。

✓ Aさんは、これまで、信頼できる支援者に出会うことなく過ごしてきた、ということ
✓ Aさんは、これまで、人から裏切られることが多かったので、無意識のうちに他者に苦情をいってしまう習慣が身についている、ということ
✓ そして、Aさんは、親から愛情を受けてこなかったと共に、共同体験をしたという記憶がないことから、他者への頼り方を知らない、ということ

Aさんは、人を信じたいのだけれども、裏切られることが怖いのです。また、どのように素直に自身の気持ちを表現していいかがわからないのです。そのように考えると、Aさんこそ、支援が最も必要な人だといえます。

精神保健福祉士は、「here and now」として、目の前の人の今を大事にしつつも、これまで人が歩んできた歴史や、社会的背景に目を向けることによって、人間理解が深まるのです。

(2) エンジン機能としての価値

話を戻します。精神保健福祉士が、このようにして、社会福祉専門職として大切にすべき基盤的なことを確認する羅針盤《らしんばん》が図表4-1のⅠに示している「価値」です。価値は倫理に近いようなもので、正義感、権利擁護等の視点を指しており、専門職の基盤に位置づくものだといえます。価値があるからこそ、精神保健福祉士は、常にソーシャルワーカーとしての原理原則を確認し、誠実に、自らの立ち位置

を検証しながら、業務に当たることが可能となるのです。

加えて、価値はエンジン機能としての役割を果たします。たとえば、その後、先ほど紹介したAさんの退院支援が始まったとします。ところが支援の矢先、Aさんは不安になり、退院を拒否してしまったのです。その際、精神保健福祉士は、どのように受け止めればいいのでしょうか。

仮に、価値がなければ、あるいは小さければ、「仕方がないね」で支援を終えてしまうかもしれません。しかし、より誠実にソーシャルワークを積み重ねている精神保健福祉士は、図表4－1のⅠから、図表4－1のⅡの段階に示しているように、価値が大きく育まれていくのです。さすれば、自身のAさんへのかかわりを吟味することになります。

✓ 不動産屋をはじめとするインフォーマルな社会資源とのつながり方は適切だったのか
✓ 障害年金等の経済的支援のことを先に説明すべきだったのではないか
✓ もっと早い段階で訪問看護チームをつなぎ、多くの支援者で支えていることを伝えるべきだったのではないか
✓ 定期的に本人との面談を実施し、もっと、本人の気持ちに向き合うべきだったのではないか

このように、誠実な精神保健福祉士であればあるほど、価値はより成長し、肥大化します。すると、

その価値は、自らがもともと備えている知識や技術を刺激するのです。その結果、知識や技術が不十分だったことがわかると、精神保健福祉士である自分自身が、もともと保有しているちっぽけな知識や技術を許せなくなってしまいます。そこで、価値がエンジン機能として働くことによって、価値・知識・技術は、図表4－1のⅡを経て、図表4－1のⅢの段階へと循環的相互作用を遂げながら大きく成長するのです。

3　人生経験とソーシャルワークの結実

(1)　自己実現と自己満足

そして、精神保健福祉士は、精神障害のある人の自己実現に向けて取り組みます。この自己実現の主語は、いうまでもなく精神障害のある人。したがって、前述したような、社会人学生が当初、精神保健福祉士をめざす段階において掲げていた、自身がやりたいことで終わってしまってはいけないのです。その段階で終えてしまえば、主語が自分になり、自己満足になってしまいかねません。そして、冒頭でも述べたように、やりたいことから、やるべきことに昇華した先に、精神保健福祉士としての実践があるのです。

(2) ソーシャルワークのフィルター

社会人学生は、これまでの人生経験のなかで、多くの体験をしてきたことでしょう。ただし、多くの哲学者がいうように、人生において大切なことは、その体験としての事実をいかに解釈するのか、ということ。同じようなことを一〇〇人の人が体験したとしても、解釈の仕方は一〇〇通り。だからこそ、人生とは面白いのかもしれません。一方、視点を変えると、一〇年前の解釈と、現在の解釈は異なることが多いのです。それは、時間軸のなかで自然と解釈が変化することもあるでしょう。

しかしながら、精神保健福祉士は自然の変化を待つだけでは、専門職として物足りません。そこで、有機的に、過去の事実に対して、異なる解釈を可能ならしめるためにソーシャルワークを学ぶのです。それは、人生経験を積極的に昇華することをも意味します。たとえば、ソーシャルワークを学ぶなかで必ずといっていいほど登場する「バイステックの七原則」のなかにおいて、「非審判的態度」というものがあります。私たちは、他者から何らかの相談を受けた時、自分のことと異なり、他者のことを客観的に捉えやすいです。その結果、他者に対して、ジャッジ（審判）してしまいそうになります。ですが、相談する側が求めているニーズは、原因を明らかにすることよりも、自身が抱えきれんばかりの思いを受け止められることだったりするのです。なので、非審判的態度とは、ジャッジをするのではなく、まずは相手をきちんと受け止めることこそが大切だ、ということ。そのうえで、同じくバイステックの七原則のなかの一つである「自己決定の原則」として、人は歩むべき道を自ら判断して動き出すのです。[1]

その際、精神保健福祉士に求められるかかわりの位置は伴走者でなければいけません。

このようにして、もともと多くの引き出しのある社会人学生は、人生経験のなかで得た事実を、ソーシャルワークのフィルターを通すことによって、精神保健福祉士としての解釈ができるのです。

(3) 二つのそうぞう力

このような取り組みをすることによって、社会人学生は自身の人生経験のなかで、封印したくて仕方がなかったことでさえも、ソーシャルワークの学びによって、活かすことができるのです。

私はよく、「二つのそうぞう力」という話をします。それは、想像することと創造すること。社会人学生の方々には、これまでの抱えきれんばかりの経験を、ソーシャルワークの学びを通して振り返り、もう一度想像していただければと思います。そのうえで、目の前の当事者の思いについて想像してください。さすれば、これまでの人生経験は自分自身の糧《かて》にもなり得るのです。さらに、です。社会資源を靴、当事者のニーズを足に例えれば、まず使える社会資源は最大限に活用しつつ、足に靴が合わなければ、オーダーメイドした靴を作るべく、社会資源の創出が精神保健福祉士に求められるのです[2]。それが、二つ目の創造です。これらのことをはじめ、社会人経験をふまえ精神保健福祉士をめざす方々には、これまで想像すらできなかったような素敵な景色に出会っていただければと思います。人生経験をはじめ、これまでの自分自身を活かすことによって、社会から自分が生かされる。こんな境地に、読者のみなさんが到達できることを心より願っています。

注

（1）バイステック（Felix P. Biestek）はアメリカの社会福祉学者。一九五七年に刊行された『*The Casework Relationship*』は、ソーシャルワーカー養成の基盤的な書物として、多く用いられており、日本でも翻訳書がいくつか出されています。尾崎新ほか『ケースワークの原則』誠信書房、一九九六年、等。
（2）青木聖久『精神障害者の生活支援』法律文化社、二〇一三年、二二四―二二五頁

Ⅱ　精神保健福祉士になるには

精神保健福祉士の資格を取得するには国家試験を受験して合格する必要があります。その受験資格を得るには精神保健福祉士を養成している大学（短期大学含む）や養成施設で学ばなくてはいけません。国家資格の取得は、ソーシャルワーカーとして活動するスタート地点に過ぎません。ソーシャルワーカーとして歩み出したのちは、その専門性は日々の実践で磨かれますが、新人であろうとベテランであろうと利用者にとっては専門職であることにかわりはありません。

それゆえ、国家資格の取得をめざす学習過程は、ソーシャルワークの価値・知識・技術を体験し身につけることを目標とします。

1　精神保健福祉士と学問基盤

精神保健福祉士は社会福祉学を学問の基盤としています。図表４－２の左図は、その社会福祉の成り立ちを表しています。社会福祉には、価値・理念、制度・政策、実践という三つの側面があり、理念とは社会福祉がめざす目標です[1]。そして、目標を実現するために制度・政策や福祉サービスが整備され、それを必要とする人々につなげ、届けること、あるいは社会福祉の思想・理念を人々の生活のなかで実現していくことです。そして、このような活動が実践であり、この〝実践〟がソーシャルワークです。

図表４－２の右図は、ソーシャルワークの構成要素です。「価値・理念」は、精神保健福祉士がソーシャルワークを実践するうえでの道しるべです。「知識」は、社会福祉の理念や歴史、制度や福祉サービスに関する知識、ソーシャルワークに関する知識、生活問題を抱えた利用者を〝生活者〟として捉え、その利用者を取りかこむ〝環境〟との両側面から理解するための社会学や歴史学、心理学などの幅広い知識です。「技術」はソーシャルワーク実践における支援技術です。そして、「価値・倫理」が精神保健福祉士にとって特に重要となります。構成要素はお互いに影響し合っていますので「価値・倫理」が根づいていない精神保健福祉士が、いくら知識や技術を身につけてもその支援は、支援者主導の支援となってしまい利用者に利益をもたらさないことになるかもしれません。

筆者は、精神保健福祉士として働く前に、カウンセラーとして精神障害者からの相談（カウンセリング）

を受けていた時期があります。ある利用者が今まで拒否していた医療機関の受診を自ら希望し、医療機関と繋がりました。そして、薬物療法が奏効して寛解状態となりました。その時に、その利用者から「元気になったので、就職したい。紹介して欲しい」と相談を受けました。当時、カウンセラーの私は、そのような相談をされたことがなかったので「ハローワークにでも相談したらどうでしょう」とお茶を濁しました。その時の私の返答は精神障害者への支援としては情けないもの、まさしく利用者に益にならないものであったことはいうまでもありません。その時、精神障害者への支援は精神症状へのアプローチと利用者の生活支援の両方の必要性を実感しました。私が精神保健福祉士をめざす動機の一つとなった経験です。

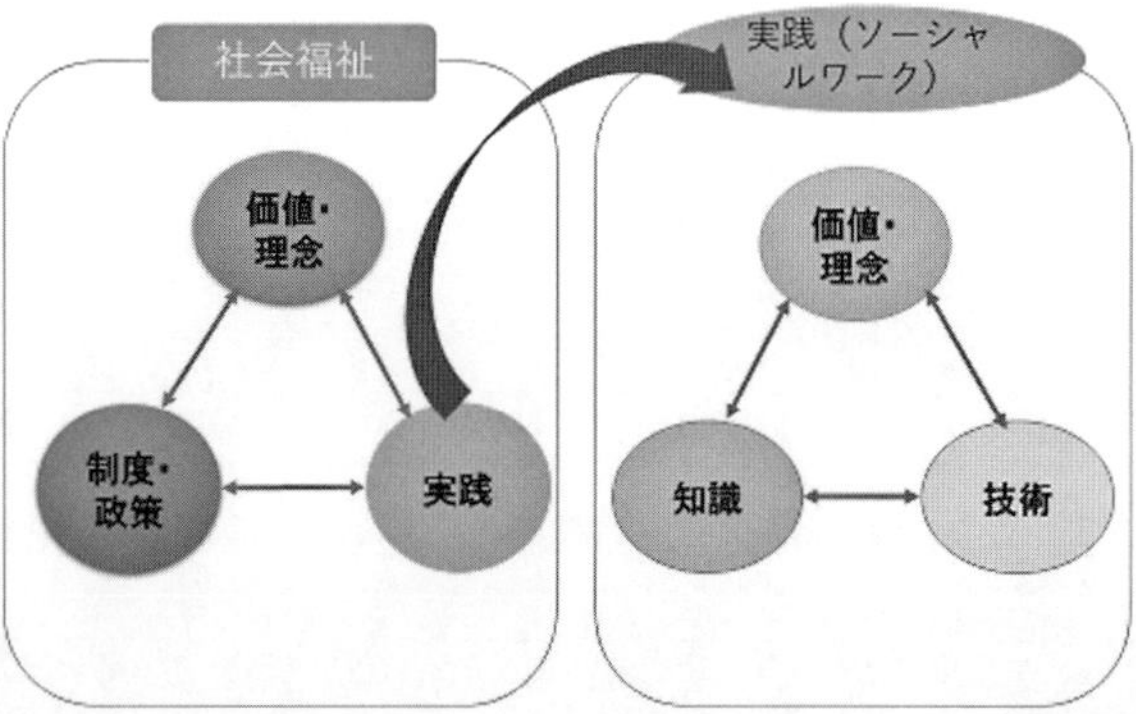

図表４－２　社会福祉の成り立ちとソーシャルワークの構成要素
出所：筆者作成（2018）

2　精神保健福祉士への学びのプロセス

(1) 精神保健福祉士をめざす動機と精神保健福祉士像を明確にする

社会人経験をもつ方が精神保健福祉士をめざす場合、その動機が自身の職業上の経験や自己の体験、家族としての役割経験など、いわゆる人生の経験から導き出されるでしょう。これらの経験は、精神保健福祉士をめざす動機を語る「強み」となる一方で、この「強み」のみからでは、精神保健福祉士像はイメージしにくいのも事実です。それゆえ、精神保健福祉士をめざすには、精神保健福祉士はソーシャルワークの実践者であり、精神保健福祉士法に定められた国家資格を有するということへの理解が重要です。

ソーシャルワーカーは人の人生にかかわる職業です。つまり、精神保健福祉士には社会から求められている明確な役割（図表4－3）があります。そして、精神保健福祉士の養成課程においては、精神障害者の人権を尊重し、利用者の立場に立って、これらの役割を適切に果たすことができるような知識及び技術が身につけられるようにすることが求められています（図表4－4）。それゆえ社会人学生となるには、これら求められている役割への自覚と知識・技術を修得するための学習意欲への自問を通して、精神保健福祉士をめざす動機と精神保健福祉士像を明確にすることが大事なのです。

①医療機関等におけるチームの一員として，治療中の精神障害者に対する相談援助を行う役割
②長期在院患者を中心とした精神障害者の地域移行を支援する役割
③精神障害者が地域で安心して暮らせるよう相談に応じ，必要なサービスの利用を支援するなど，地域生活の維持・継続を支援し，生活の質を高める役割
④関連分野における精神保健福祉の多様化する課題に対し，相談援助を行う役割についても求められつつある。

図表４－３　今後の精神保健福祉士に求められる役割

出所：「精神保健福祉士養成課程における教育内容等の見直しについて」厚生労働省社会・援護局障害保健福祉部精神・障害保健課，2010年

①医療機関等における専門治療の特徴を踏まえ，関係職種と連携・協働する専門的知識及び技術
②地域移行の重要性，地域移行を促進するための家族調整や住居確保など地域移行に係わる専門的知識及び技術
③包括的な相談援助を行うための，地域における医療・福祉サービスの利用調整
④就職に向けた相談・求職活動等に関する専門的知識及び技術
⑤ケアマネジメント，コンサルテーション，チームアプローチ，ネットワーキング等の関連援助技術などを実践的に教育していく必要がある。
⑥行政，労働，司法，教育分野での精神保健に関する相談援助活動
⑦各々の疾患及びライフサイクルに伴う生活上の課題などの基礎的な知識も教育していく必要がある。
（なお，生涯研修の観点から，スーパービジョンの意義及び目的をより重視した教育を行うとともに，養成課程と卒後研修を有機的に結びつけたスーパービジョン体制を構築することも必要である。）

図表４－４　今後の精神保健福祉士に必要とされる知識および技術

出所：「精神保健福祉士養成課程における教育内容等の見直しについて」厚生労働省社会・援護局障害保健福祉部精神・障害保健課，2010年

(2) 精神保健福祉士になるために学ぶこと

めざす精神保健福祉士像を明確にすることができたら精神保健福祉士になるための学びが始まります。その学びは、国家試験の受験資格に必要な科目を取得するためであることはもちろんですが、それらの科目はソーシャルワーカーになりゆくために「学ぶべき」必要な科目なのです。精神障害者の人生に関与する精神保健福祉士のソーシャルワーク実践は、精神障害者がさまざまな社会資源を活用しながら、自らの主体的な生活を維持しあるいは回復する過程を支援する援助活動[2]です。これから学ぼうとする科目は、そのような援助活動を支える学びなのです。

図表4－5は精神保健福祉士になるための学びの過程を表しています。精神保健福祉士に求められる理論や技術の講義とそれらを総括する演習（知識学習）を経て、その集大成である現場実習（体験学習[3]）に臨みます。社

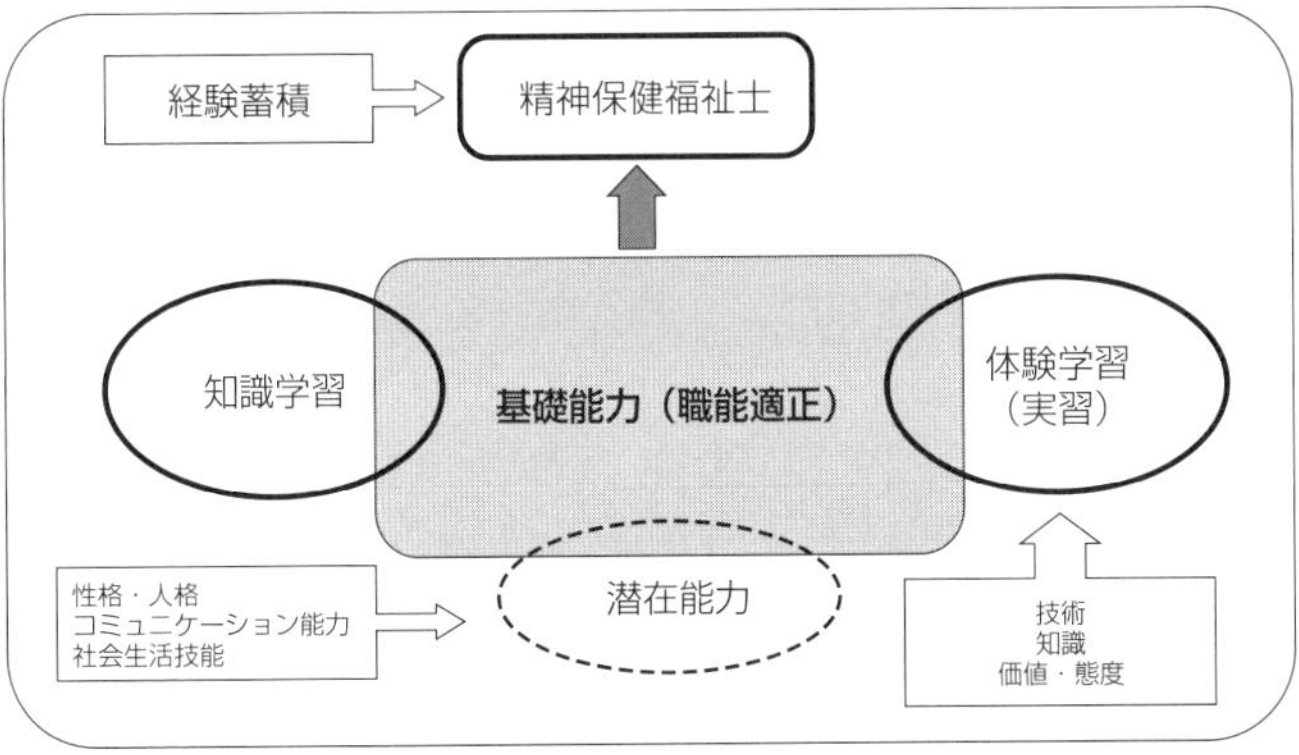

図表4－5　精神保健福祉士になるための学びの過程
出所：48th　全国社会福祉教育セミナー2018 in Tokyo　第5分科会　石川到覚作成（一部筆者修正）

会人経験をもつ学生は潜在能力であるコミュニケーション能力や自身の社会生活で培った技能を知識学習や体験学習に活かすことになります。また、精神障害者への相談業務に従事している社会人は、要件を満たせばその経験を体験学習に替えることができます（現場実習の免除）。このような学びを経て、国家試験を受験し合格すると精神保健福祉士の資格を得ることができます。資格取得後は、現場でのソーシャルワークの実践の積み上げが学びの過程となります。

では、精神保健福祉士になるためには、どのような科目を学ぶかを見てみましょう。この学びは主に三つです。一つ目は、社会福祉の理念や思想の学びです。人の人生に直接かかわる職業の根幹として最も大事な

人体の構造と機能及び疾病，心理学理論と心理的支援，社会理論と社会システムの３科目のうち１科目
現代社会と福祉
地域福祉の理論と方法
社会保障
低所得者に対する支援と生活保護制度
福祉行財政と福祉計画
保健医療サービス
権利擁護と成年後見制度
障害者に対する支援と障害者自立支援制度
精神疾患とその治療
精神保健の課題と支援
精神保健福祉相談援助の基盤（基礎）
精神保健福祉相談援助の基盤（専門）
精神保健福祉の理論と相談援助の展開
精神保健福祉に関する制度とサービス
精神障害者の生活支援システム
精神保健福祉援助演習（基礎）
精神保健福祉援助演習（専門）
精神保健福祉援助実習指導
精神保健福祉援助実習

※2020年時点。2021年度より新カリキュラムに移行予定。

図表４－６　精神保健福祉士の指定科目

人権や人間の尊厳を守る原理原則です。二つ目が精神保健に関する「専門的な知識」と、人間と社会を中心とした「関連する幅広い知識」です。三つ目は、ソーシャルワークを実践するための「技術」です。具体的に学ぶ科目一覧（指定科目）が図表4－6です。

精神保健福祉士の指定科目は、精神保健福祉士の専門科目と社会福祉士との共通の科目です。精神保健福祉士の専門科目は一一科目、社会福祉士との共通の科目は一一科目ですが「人体の構造と機能及び疾病」「心理学理論と心理的支援」「社会理論と社会システム」の三科目は、そのどれか一科目を履修すればよいことになっていますので厳密には九科目です（二〇二〇年時点。二〇二一年度より新カリキュラムに移行予定）。

なお、国家試験はすべて筆記試験で演習や実習の試験はありませんが、技術を修得するうえで「精神保健福祉援助演習（基礎）」「精神保健福祉援助演習（専門）」「精神保健福祉援助実習指導」「精神保健福祉援助実習」は必須科目となっています。

(3) 社会人学生の学びの場

精神保健福祉士をめざす動機と精神保健福祉士像が明確になり、学ぶべきことが理解できましたら、次はどこで学ぶかです。社会人学生としてどこに身をおくかは重要です。具体的には、精神保健福祉士を養成している教育機関（大学・短期大学）か養成施設かのどちらかで学ぶ（図表4－7）ことになりますが、社会人であれば通信教育課程か夜間課程で学ぶことが多いかもしれません。

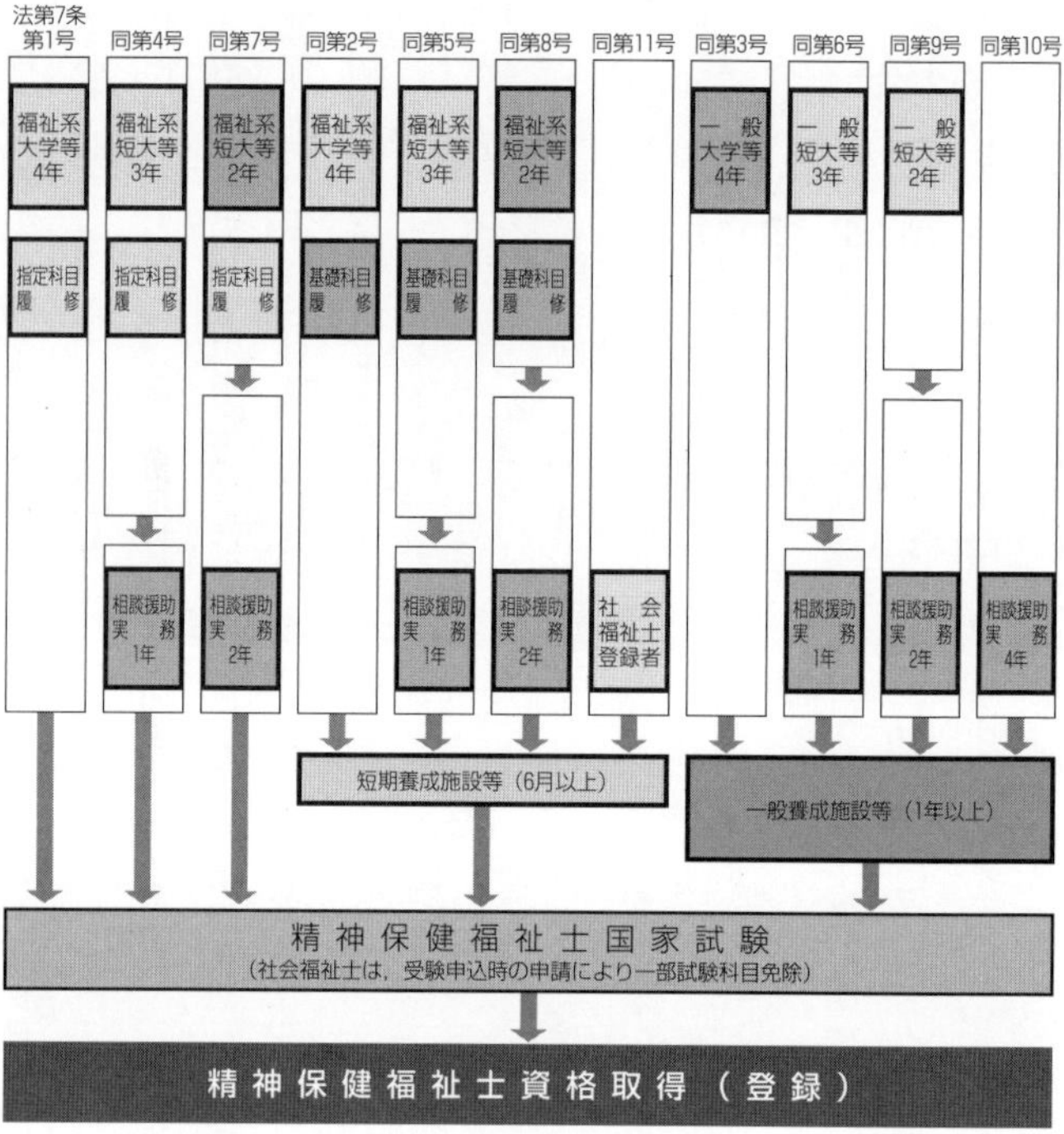

図表４－７　精神保健福祉士資格取得ルート図

出所：社会福祉振興・試験センター（2019年）

通信教育課程での学びは、自宅での課題の学習と年に数回のスクーリングに参加し一年半以上（短期養成施設は九カ月程度）かけて受験資格を得るというのが一般的です。たとえば、私が勤務する大学の通信教育課程での学習計画を述べます。三年次編入・四年次編入で入学した場合、最低でも二年間の学習期間を要します。実習を必要とする方は実習前年度は、実習に向けての課題を三つと二回のスクーリングへの参加、演習課題一つと一回のスクーリングへの参加です。そして、それぞれ科目修了試験を経て、次年度の実習に臨みます。

夜間課程の場合は、平日はほぼ毎日、夕刻から夜にかけて三時間程度、土曜日六時間程度の授業が行われ多くは一年間ほどの学習計画です。通信教育課程でも夜間課程でも実習を課されている場合は、医療機関と地域の施設で合計二一〇時間の現場実習を行います。

社会人の多くは働きながらの学びとなります。それゆえ、職場や家族の理解と協力を得ることは資格取得をめざすうえでもっとも重要なことといえます。

なお、国家試験受験の詳細は、公益財団法人社会福祉振興・試験センターのホームページを参照してください。

社会人経験を活かした学びを通して、一人でも多くの精神障害者のソーシャルワーク実践者である精神保健福祉士が誕生することを切望しています。

注

（1）小田兼三・杉本敏夫編『社会福祉概論　第二版』勁草書房、二〇一〇年、一頁
（2）空閑浩人「ソーシャルワークにおける実践の視点再考」『ソーシャルワーク研究』二五(三)、一九九九年
（3）栄セツコ「精神保健福祉士の価値に基づいた実習教育に関する研究―ソーシャルワーカーのアイデンティティを伝授する試み―」『桃山学院大学総合研究所紀要』四〇(一)、二〇一四年

参考文献
・青木聖久・杉本浩章編者『新 社会人のための精神保健福祉士』学文社、二〇一四年
・田中英樹・菱沼幹男『社会福祉士・精神保健福祉士になるには』ぺりかん社、二〇一四年
・宮本節子『ソーシャルワーカーという仕事』ちくまプリマー新書、二〇一三年

Ⅲ 精神保健福祉援助実習の実際

私の精神保健福祉援助実習を顧みると、「喜怒哀楽にメリハリを実感した実習」であったように思います。

私は、大学で社会福祉を学んだのではなく、もともと高校生の頃、思い描いていたのは、時計職人か自動車整備士といった、いわゆる技術職をめざし大学は工学部へ進みました。精神保健福祉士をめざしたきっかけは、「たまたま」とすると語弊がありますが、それに近いものがあります。工学部で学ぶなかで心理学に関心をもち、はじめは、臨床心理士になるために大学の学生相談室の臨床心理士の先生に話を聞かせてもらっていました。しかし、ある時、偶然「精神保健福祉士」という資格を知ることになります。それは、たまたまそのとき新聞を購読しており、たまたま新聞を読もうと開いたときに、一面

の広告で「精神保健福祉士養成課程の学生募集」を目にしました。ちょうど精神保健福祉士法がつくられた頃です。本書を読まれている読者のなかには、筆者と同じように「たまたま」本書を手に取り、本書によって初めて「精神保健福祉士」と出会う方もいると思います。この出会いは大切にしてもらいたいと願います。わたしは、大切にしてきたことで豊かな人生になっていると信じています。

ところで、なぜ、精神保健福祉援助実習が喜怒哀楽のメリハリを体感できたかというと、実習を通して精神障害を抱えた方やその家族、実習指導者、現場のスタッフ、学校の指導者などとの出会いであることは間違いありません。さまざまな方たちの人生の一部に触れ、時には一緒に哀しみ、怒りを一喜一憂し、哀しみなどを共にすることでより喜び、楽しさを味わうことができ、精神保健福祉士のための礎となりました。つまり実習とは、実習というフィルターを通して、自己覚知という自分自身を探索する機会ともなり、加えて、「人と人」、「人と場所や環境」とのつながりを実感できる貴重な機会といえるでしょう。また、実習中のみならず、実習前・実習後の学習においても多くの喜怒哀楽を経験することができました。

1　精神保健福祉士の現在

近年、国民のメンタルヘルスの実態は、人口構造や産業構造・経済構造の変化に伴い、複雑多様化しています。これに伴い、わが国における精神保健医療福祉の法制度・施策は目まぐるしく移り変わっています。わが国の精神障害者施策において、精神障害者の長期入院の解消を図り、社会復帰を促進することが精神保健福祉行政の最大の政策課題の一つとして認識されてきました。このため、精神障害者が社会復帰を果たす上で障害となっている諸問題の解決を図る必要があり、精神科医療的なケアに加えて、地域移行に関する問題を、医療とは異なる観点で、精神障害者の側に立ち、社会復帰のための支援を行う人材として、精神保健福祉士が誕生しました(1)。ところが、先述した社会的変化により精神保健福祉士を取り巻く環境にも影響が及び、精神保健福祉士の果たす役割は、精神障害者に対する支援のみならず、精神障害等によって生活支援を必要とする方やメンタルヘルスの課題を抱える方への支援へと求められる支援も多様化しています。それゆえ、現在、国では「精神保健福祉士の養成の在り方等に関する検討会」を設置し、精神保健福祉士の役割やカリキュラムなどの教育内容の見直しを検討しています。ここでは、現行の精神保健福祉援助実習の実際について紹介します。

2　精神保健福祉援助実習の概要

実習は、実践をもとに理論化された精神保健福祉援助理論や障害者等の相談援助にかかわる専門的知識、技術、価値について、実践現場において具体的かつ実際的に理解し体得する機会と位置づけられます[2]。つまり、これまで学んだ知識と技術を実際の場面をみて実感し、価値を基盤とした理論と実践を自分自身のなかでつなげる体験といえます。さらに、実習における学習プロセスが重要とされており、貴重な現場体験を持続可能な学習となるよう丁寧に結びつけていくことが求められます。実習における学習プロセスは、図表４－８のように、「見る・きく・体感する」から「感じる・考える・表現する」に変換する過程で、「得られた気づきを原則として整理」し、実習で得られた経験を次の機会に「原則を応用する」ことで、さらに新しい経験につながっていきます[3]。そして、これらを繰り返し、連続した学習とすることが大切となります。

次に、実習は精神保健福祉士がソーシャルワーク実践を行う現場で行われます。具体的な実習時間は、二八日間以上かつ二一〇時間以上と定められ、そのうち九〇時間以上は精神科医療機関、一二〇時間以上は地

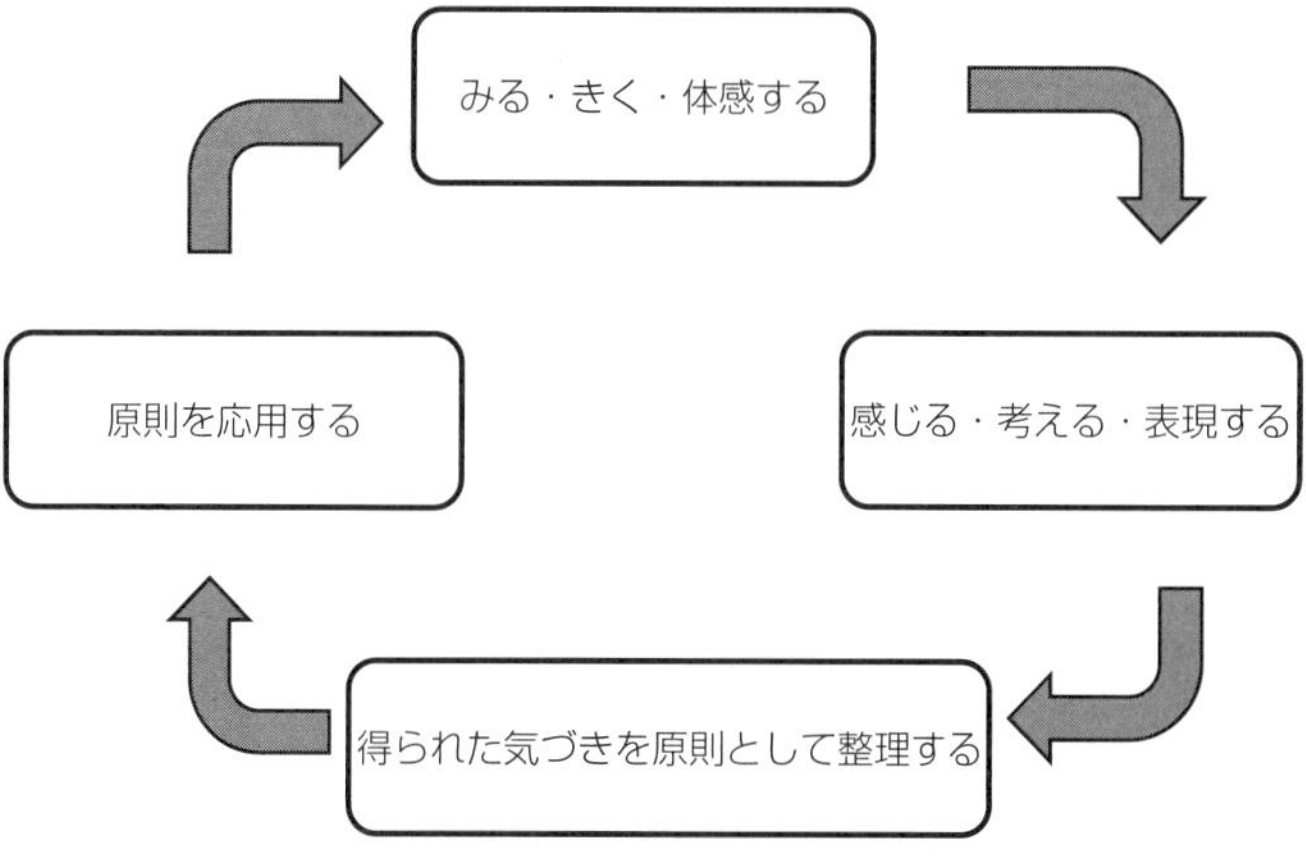

図表４－８　実習における学習プロセス
出所：川村隆彦『事例で深めるソーシャルワーク実習』中央法規，2014年，１頁

域の障害福祉サービス事業所等の実習が必須となっています。現場で実際に取り組まれている実践を直に触れることは、実習前の講義等で学んだソーシャルワークの理念や支援のプロセスを理解するうえでも意義があります。また、日数だけに目を向けると、「二八日間は長い。最後まで取り組めるだろうか。」と心配に感じられる方もいますが、精神障害を抱えた方とのかかわり（コミュニケーション）は実習生にとって多くのことを考える機会となり、実習が終わってからは「時間が足りなかった。」と思われる方がほとんどです。それから、仕事をしながら資格取得をめざす方は、仕事が休めるかという不安を抱くかもしれません。確かに、仕事との両立は想像以上に大変です。私の所属する大学の実習生のなかには、実習が始まる一年前から職場と何度も相談し、実習のための環境調整をされる方もいます。このようにして、社会人学生の多くは、家族や職場等の周りの協力を得て、実習に取り組んでいます。資格取得は、自分自身の目標ではありますが、あなた一人の力では厳しいことを心に留めておくことも大切だと考えます。

3　精神保健福祉援助実習の施設

実習は、精神科医療機関、地域の障害福祉サービス事業所等の二ヵ所で行います。行政機関として、精神保健福祉センターや保健所、市町村の障害福祉担当課も実習施設の範囲となっていますが、地域の施設の枠組みに含まれています。

精神科医療機関には、精神科単科の精神科病院や精神科診療所（クリニック）、精神科のある総合病院があります。精神科医療機関の実習は、精神保健福祉士が所属する医療福祉相談室などの業務として、入院や外来の受診相談、退院支援、家族等への支援、多職種や多機関連携のあり方、訪問によるアプローチなどの実習プログラムに取り組みます。また、精神科デイ・ケア（ナイト・ケア）を併設した医療機関の場合は、そのデイ・ケアの利用者とのかかわり、精神科リハビリテーションプログラム、イベント活動などに参加します。

次に、地域の施設として、障害福祉サービス等の事業所や行政機関について説明します。実習先となる施設は、就労支援として障害者総合支援法等の就労系施設、地域生活支援として地域活動支援センター、共同生活援助（グループホーム）などがあります。実習施設によっては、法人内に複数の施設種別を運営している場合があります。この場合は、実習の目的を鑑み、実習オリエンテーションなど実習指導者との面談のなかで異なる施設種別での実習プログラムとするか相談するとよいでしょう。

精神科医療機関や地域の施設、どちらの実習においても大切なことは数多くありますが、やはり最たるものは、実習施設を利用される方やその家族とのかかわりを通して学ぶことであると考えます。そのかかわりの際、精神障害者を病気や障害だけで捉えるのではなく、「一人ひとり地域で生活する主体的な人」という「生活者の視点」として取り組むことを心がけることが必要といえます。精神障害者を「生活者」として捉えることは、病気や障害など個人の特定した問題だけでなく、その個人を取り巻く環境との関係性に着目することができます。したがって、このことを念頭に実習に取り組むことで、精神保健福祉士の専門的な視点を養うことにつながると考えます。

4　実習のための事前学習

実習の学びは、現場実習だけではありません。むしろ、実習生にとって満足度の高い実習とするために、実習前や実習後の学習について重要視する必要があります。すなわち、現場実習を中心とした学習サイクルを意識することが大切となります（図表4－9）。

実習の事前学習は、講義やスクーリング等で精神保健福祉士に関する基礎的知識やソーシャルワークの理論の理解、演習を通して価値観や倫理観、自己概念や自己理解と他者理解、コミュニケーション技術などを学びます。また、大学等で求められる課題レポートを通じて、精神保健福祉の法制度の理解、精神保健福祉士の視点や姿勢などを学習します。また、実習計画書の作成を大学等の実習担当教員と行います。実習計画書とは、実習先の特性に照らして、事前に学習を積み重ねてきた内容を踏まえ、実習におけるテーマ、実習生にとっての意義、具体的な課題や課題に対する方法などを明確にまとめるものです。作成において留意することは、「何も知らないのでとにかく、みたい、知りたい。」とするのでは

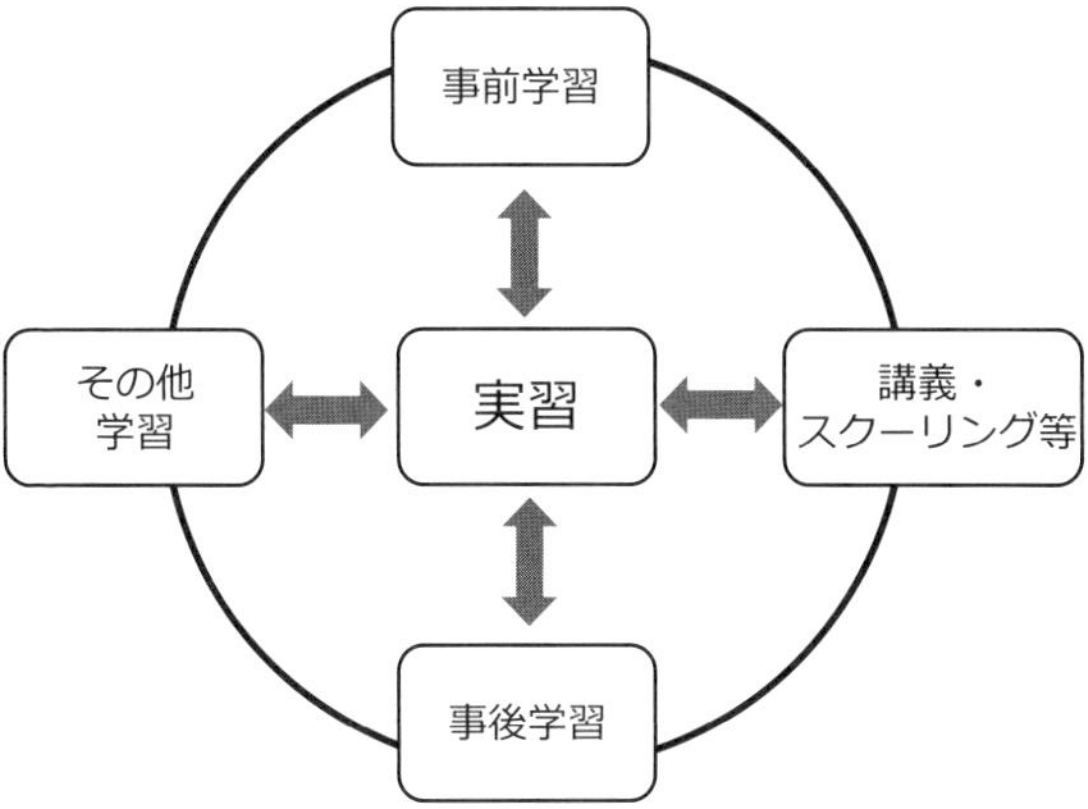

図表４－９　実習を中心とした学習サイクル

なく、また、「ある領域に関心があるから興味、関心の強いことだけを学ぶ。」のでもなく、あなたが精神保健福祉士をめざすことになったきっかけから自分自身で振り返り、精神保健福祉士となりゆく自分を想像し、その道程のなかで必要なこと、不足していることなどを整理することが大切です。そして、精神障害者を取り巻く状況を的確に捉えて、どのような精神保健福祉士が求められるかを熟考する必要があります。けれども、関心の高い部分については、あなたが精神保健福祉士を目標とした動機の一つでもあると考えますので、問題意識をもち続け、実習全体を通してそのことを考えることで、より実りの多い実習とすることが可能になります。それから、問題意識をもち続けることは、ときに難しさを伴うこともあるでしょう。しかしながら、問題意識をもつということは、何かに対する想像力を働かせることで生まれる「おかしい」と感じる心といえます。それゆえ、精神保健福祉士をめざす道程において、常にいろいろなところに心を向けておくことが大事となります。さらに、実習施設の概要および制度の調べ学習や実習施設でのボランティアなどに取り組むこともあります。ボランティアの利点は、実習施設の理解はもちろんのこと、実習施設を利用する方や指導者を含めた職員との関係づくりができることにあります。大学等によって事前学習の内容は異なりますが、ここまで説明してきたことを読まれると、実習前の取り組みに力を注ぐ理由が理解できると思います。現場実習が開始されてから「何をすればいいのかわからない」といった状態を回避するためにも、今ここで考えるあなたが精神保健福祉士となる目的をきちんとみつめ直すようにしましょう。

5　実習中の巡回指導とさまざまなサポート

実習生は、実習施設の実習指導者と大学等の実習担当教員とスーパービジョン契約を結びます。実習スーパービジョンとは、精神保健福祉士の養成のためスーパーバイザーである指導者がスーパーバイジーである実習生に対して、管理的・教育的・支持的機能を実施する過程のことです。実習中は、実習施設の実習指導者が定期的に振り返りの時間を設け、実習生の語りを基軸とし、ときに実習生に問いかけ、改めて考えることで学びの深化を手助けします。さらに、大学等の実習担当教員が実習施設へ基本週一回訪問し、実習巡回指導を行います。実習生と担当教員の二者、実習指導者を含めた三者の面談により、実習生の体調、実習の取り組み状況や課題、実習日誌の内容などを確認します。実習生の気づきや理解の促進となるよう、「できていること、わかったこと」だけでなく、「できていないこと、わからないこと」についても支持的に振り返りを行うことが有用とされます。

また、大学等と実習施設は実習生にとってよりよい学習環境となるよう、連携を密にします。たとえば、社会人学生は、「できない。わからない。」と表出できない方が印象としては多いように思います。なぜなら、これまでさまざまな社会経験を積んでいることもあり、「完璧にできないといけない」と思い込んでいるからです。その結果、利用者と何を話せばいいのか、どのように取り組めばいいのか、わからなくなる場合があります。このように実習生が壁にぶつかったときも実習生を中心に実習指導者と実習担当教員で取り組みの仕方や実習内容など相談します。この他、実習生の体調不良や災害による不測の事態が起きた場合には状況確認を行い、実習の継続可否などを検討します。いずれにしても、実習生、実習指導者、実習担当教員の三者のなかで常にコミュニケーションを取ることが肝要です。

6　実習後の学習

先に言及したとおり、質の高い実習とするためにも実習前や実習後の学習が大事です（図表4－9）。

実習後の学習の柱として、実習を振り返りまとめる「実習報告書（レポート）」や「実習報告会」があります。実習で学んだことをもう一度想起し、新たな気づきを得て、現場体験をソーシャルワークと関係させる作業となります。ここでの学習の意義は、実習体験をソーシャルワークとしての意味づけとソーシャルワークを意図的に意識することです。ソーシャルワークとは、あいまいで輪郭がつかみにくいものです。このため精神保健福祉士は、実践のなかでソーシャルワークを意識し、他者に伝わるようにソーシャルワークを言語化、表現することが求められます。実習後の学習のなかで、この点に着目することで、今までのさまざまな学びと関連させて、ソーシャルワーカーとしての言葉、知識を豊かにすることにつながり、精神保健福祉士の専門性を磨き、学びを定着させることができます。
以上のことから、現場実習でよりよい気づきや学びを得るためにも実習前の事前学習、実習後の事後学習が非常に大切です。社会人学生は、時間的制約を受けやすいため、特にこのことを意識して取り組まないと気づきや学びが素通りする可能性があります。皆さんの自己実現に一歩ずつ近づけるために、今できることを確実に積み上げていただきたいと願っています。

注

（1）「精神保健福祉士の養成の在り方等に関する検討会中間報告書　平成三一年三月二九日」二〇一九年
（2）日本精神保健福祉士協会／日本精神保健福祉士養成校協会編『教員と実習指導者のための精神保健福祉援助実習・演習』中央法規、二〇一三年
（3）川村隆彦『事例で深めるソーシャルワーク実習』中央法規、二〇一四年、一頁

PSWからのメッセージ⑥

社会人経験者へのエール〜実習生との出会いを通して〜

私は精神保健福祉士として相談業務に従事するなかで多くの社会人経験のある実習生と出会いました。今回、実習時のエピソードから、社会人経験者の皆様にエールを送ります（事例は個人が特定されないよう加工しています）。

相談業務ではさまざまな関係者との連携が必要になります。そして、連携がうまくいかないときは、その関係者に対して「精神保健福祉分野のことをもっと知ってほしい、学んでほしい」と責めるような気持ちになっていました。そんな時に私が実習で出会ったのがAさんです。介護保険分野で仕事を続けている社会人学生でした。Aさんは精神障害がある方やその家族の介護保険利用にあたり、調整が難航するという経験が続いたことから、精神保健福祉に関する知識や技術を知りたい、精神保健福祉士の専門性を身につけたいと考えたのです。その明確な目的と真摯な姿勢に出会ったとき、私は自分の態度（相手を責めるばかりで学ぼうとしない）をとても恥ずかしく思いました。そして、実習中のAさんは、単に知識を身につけるだけでなく、利用者を人として尊重することの大切さを知り、対等な人としてかかわり、豊かな時間を過ごしてゆきました。まさに、精神保健福祉士の価値や理念につながる大事な視点を身につけて実習を終えていったのです。それは、すでにさまざまな現場や制度を知る社会人経験者が真摯に学ぶことの素晴らしさを感じさせてくれるものでした。

これからも、多くの社会人経験のある方が、精神保健福祉士の資格を取り、社会人経験も生かして仕事をしてくださったら、こんな心強いことはないと思っています。そんな皆様に心からエールを送ります。

渡辺　由美子（市川市福祉部障がい者施設課身体障がい者福祉センター：千葉）

精神・発達障害のある人 ④

ピアワーカーとして働く精神保健福祉士からのエール

私は三二歳で発達障害の診断を受けた当事者、そして全員が発達障害をもつ三人の息子の保護者でもあります。若い時から外科病院や認知症介護の仕事をしていましたが、三一歳で社会生活に躓いてうつ病になり、さらに発達障害の診断に至ったのですが、その時に私の社会復帰を支援してくださったのが、PSWでした。

とても心強いPSWにかかわっていただいたので、私も自分がしてきた経験…いわゆるピアの視点も併せもったPSWになり、発達障害や精神障害のある方のお役に立ちたいと思い、三七歳で社会人学生としての学びをスタートしました。

学びの道はもちろん、平坦ではなく、ある日は教科書を読んでいて、さまざまな経験をしてきた者としては納得のいかないことを感じ、こんな綺麗事なわけないだろう！　と立腹して本を投げ捨てたこともありました。その時に先輩がかけてくださった言葉は、芯になるセオリーがあってこその確実な支援、個別の支援が理解できるようになる、基本の学びは怠るな、でした。思い直した私はその後、大学や実習現場で基本をしっかり学び、二〇一二年春に卒業と共に精神保健福祉士の国家試験に合格しました。今は発達障害にかかわる研修・講演の講師に併せて、「ピアカウンセラー」として当事者の方、保護者の方の相談支援をしています。社会人としてPSWをめざそうとしている方のなかに、ピアの方がおられるかもしれません。他者を理解していくなかで、自己を見直す機会も度々で、ピアワーカーとして、そして人間としての成長もできると思います。そして、障害の本質とは何かという命題に深く向き合うことができます。

笹森　理絵（発達障害の理解啓発に関する講師業：兵庫）

精神・発達障害のある人の家族④

これから精神保健福祉士になる人に期待すること

私には、統合失調症の母と脳性小児まひで重度の知的障害がある兄がいました。さらに、後年実の姉が非定型精神病になりました。そのため子どものころから、社会の精神疾患に対する誤解や偏見・差別を感じていました。しかし、その一方、母や兄姉とはかけがえのない家族であって、他の家族は経験できませんので、私は母や兄姉との生活に何の違和感もなく育ちました。約二〇年前から家族会活動にかかわっていますが、かかわるまではその存在すら知りませんでした。精神障害者家族（本人を含む）は、情報からの孤立、社会からの孤立そして支援からの孤立という三つの孤立に苛まれています。みんなねっと（全国精神保健福祉会連合会）でもその三つの孤立からの脱却をめざし、さまざまの取り組みを行ってきました。日本精神保健福祉士協会はじめ精神保健福祉関係団体との連携のもと、一一〇年以上続いていた保護者制度の廃止、精神障害者の雇用義務化等の実現、交通運賃割引制度の精神障害者への適用など変化の兆しも見えだしました。しかし、必要な時に必要な情報が得られず相談できる人も、問題解決してくれる場もない状況に何の変化もありません。精神科医療改革は遅々として進まないのです。そのほか二四時間・三六五日の相談支援体制をはじめ訪問による本人を含めた家族全体を支援する訪問型支援や、本人・家族が治療計画や治療方針に積極的にかかわれるＳＤＭ（共同意思決定）の実現など解決していかなければならない問題は山積しています。少しでも前進していくためには、精神保健福祉士の指導・支援や協力は欠かせません。これから精神保健福祉士をめざされる方にはぜひこの状況を、知っていただき、ともに精神科医療改革に、立ち上がっていただきたいと思います。

本條　義和（しらさぎ家族会・全国精神保健福祉会連合会理事長：兵庫）

第五章　精神保健福祉士としてスタートを切ったあと……

Ⅰ　質の向上は責務

1　「有資格」世代としての問い

私は、精神保健福祉士（以下、ＰＳＷ）が誕生した一九九八年に大学へ入学し、二〇〇二年からＰＳＷとしての道程を歩み始めました。おそらく、精神保健福祉士養成教育カリキュラムが始まって最初の福祉系大学等（四年）の卒業ルートで、ＰＳＷになったのではないかと思います。そのような「有資格」世代として、私はいつも研修講師を担当した時に、自戒を込めて、受講者の方々に次のような問いかけを行います。

「いわゆる無資格時代に草の根運動を続けてきたＰＳＷの先輩方が、影となり日向となり、国家資格化に尽力されてきました。その思いを私たち有資格世代がどれだけ継承できているのでしょうか。いつの間にか、国家資格のうえに胡坐《あぐら》をかいていないかどうかの点検が必要ではないでしょうか」。この言葉は、私が尊敬する精神科病院ＰＳＷの先輩が、とある研修で問題提起されていたメッセージです。私なりに表現をアレンジしていますが、このような趣旨の発言をされており、新任ＰＳＷであった私の心に深く突き刺さったことを今でも記憶しています。

精神保健福祉士法施行から二〇年以上が経過し、国家資格化を実現されたＰＳＷの先達から、新たな世代へと受け継がれつつあります。「無資格」世代と「有資格」世代が、どれだけ対話できているのか。つまり、ＰＳＷの専門性が継承されているかどうかが、今まさに問われているのではないでしょうか。

2　精神保健福祉士はなぜ質の向上が必要なのか

さて、話を本題に戻します。なぜ、ＰＳＷは質の向上が求められるのでしょうか。精神保健福祉士法第四一条の二には「資質向上の責務」として、「精神保健福祉士は、精神保健及び精神障害者の福祉を取り巻く環境の変化による業務の内容の変化に適応するため、相談援助に関する知識及び技能の向上に努めなければならない」と規定されています。この「資質向上の責務」は、二〇一二年の法改正によって追加された努力義務の条文です。

専門職としての自分自身を高め続ける姿勢は、自明のことのように思いますが、なぜ、改めてこのような規定が追加されたのでしょうか。それは、依存症や自殺予防、ひきこもり、認知症、虐待、ＳＯＳを求めない人々の支援など、枚挙に暇がないほどに、ＰＳＷを取り巻く環境が多様かつ刻一刻と変化しており、その変化に対応することが求められるからです。質の向上は、専門職としての社会的な責任の一つであることを再確認しておく必要があります。

それでは、法律に規定されているから、私たちPSWは質の向上を追求するのでしょうか。国家資格取得はゴールではなく、PSW人生のスタートに立つためのパスポートを取得したに過ぎません。日本精神保健福祉士協会（以下、日本PSW協会）の柏木会長は、「いかに検討された養成カリキュラムであろうと、資格取得時点で社会福祉専門職が完成するわけではない（以下、中略）資格取得者は、専門職としての生涯に渡って成長・発展すべきであり、その努力を覚悟すべきである」と述べています[1]。私たちPSWの仕事は、クライエントの方々の生活のしづらさに対する支援を行い、その人らしいライフスタイルをともに創りあげていくことです。つまり、クライエントの人生という一つとして同じ答えのない道程に伴走者として寄り添い、向き合い続ける仕事だといえます。これほどまでに、他者の人生の歩みに伴走することができる権利が与えられる仕事は、PSW以外にないのではないかと私は思います。それゆえに、PSWのかかわりの一つひとつが、クライエントの人生に少なくない影響を与えます。また、クライエントの人生の伴走者としてのかかわりを通じて、私たちPSWは自身の人生を豊かなものへと変えていく示唆を与えてもらうことができます。だからこそ、権利と同時に重大な責任が伴うのです。そのことを自覚するならば、専門職としての生涯をかけて、質の向上を追求しなければならないことは必然だといえます。

少しシビアなことを述べてきたかもしれませんが、ぜひ自分自身の立場に置き換えて考えてみてください。精神障害はいまやいつ誰がなってもおかしくない最も身近な障害といえ、私たちも同様です。みなさんがもしクライエントであったなら、「自己研鑽を積んでいません」と豪語するＰＳＷに相談したいと思いますか？　それが答えではないでしょうか。

３　本物の精神保健福祉士をめざす道

これまで、ＰＳＷとしての質の向上の必要性について述べてきました。ここからは、質の向上をどのように図るのかについて、本物のＰＳＷをめざす道半ばである自分史の一部を紐解きながら、みなさんと一緒に考えてみたいと思います。本書の前身である『新　社会人のための精神保健福祉士』において、同様のテーマで執筆の機会をいただきました。その時は、クライエントやＰＳＷの先輩・仲間、関係者の方々との出会いを通じて、筆者がＰＳＷとしてどのように成長できたのかというエピソードを描いています。今回は筆者を育ててくれた日本ＰＳＷ協会や都道府県ＰＳＷ協会活動との出会いについて、紹介します。

(1)　専門職としての私を育ててくれた協会活動

みなさんは「どのように自己研鑽を積んでいます（あるいは、積みたいです）か」と問われた時、即座に答えられるでしょうか。自己研鑽の方法はいろいろあっていいと、私は思います。生活者の視点を自分自身に向けた時、私たちＰＳＷも生活者の一人であり、誕生してから学生時代・就職や退職・家族関係の変化などさまざまなライフサイクルが待っているからです。そのため、「研修を受けたくても受けられない」という時期は、誰しも起こりうるでしょう。

だからこそ、ＰＳＷとしての資質を高める自己研鑽の方法の一つとして、ぜひ専門職団体に加入してほしいと思います。日本ＰＳＷ協会の組織率は二割程度ですが、残り八割の仲間はどのように自己研鑽を積んでいるのだろうかと想像することがあります。個人的には専門職団体に加入しないことを否定するつもりはありません。自分自身の哲学にしたがって、あえて加入されない方もいると聞いたことがあります。

しかし、私はぜひ専門職団体の加入をお勧めしたいと思います。

私は大学卒業後、新任ＰＳＷとして、精神障害者地域生活支援センター（現在は、障害者総合支援法における地域活動支援センターⅠ型）に入職しました。その当時はＰＳＷが必置でしたが、有資格者は私一人で、ＰＳＷの先輩はいませんでした。そのため、テキストや実習で学んだソーシャルワークの専門性をどのように実践で体現していいのかわからず、ＰＳＷ一年目当初は、まさに右も左もわからない状況でした。とにかく、わらにもすがる思いで、地元である茨城県精神保健福祉士会（以下、茨城県ＰＳＷ会）の研修はほぼすべて参加していました。そのなかで、同じような悩みを抱く仲間や具体的な助言を与えてくれる先輩と多くの出会いが生まれました。そして、研修で学んだことを現場で試行し、その結果を踏まえて、次の研修の場で議論し学びを深め続けることによって、少しずつ実践の根拠を他のスタッフや利用者・家族に言語化できるようになりました。その結果として、徐々に周囲からの信頼も得られるようになり、職場での自分の居場所ができてきたように感じています。

ＰＳＷ二年目の時、私の所属機関がある地域から、茨城県ＰＳＷ会理事の後任が求められました。その際、フットワークの軽い若手に依頼しようという協会の方針から、いつもお世話になっていた先輩より、理事のお誘いをいただきました。ほぼ毎回研修に出ていたことで、会議の時に顔と名前を思い出してくださったようでした。私はうれしさのあまり、二つ返事でお引き受けしたい旨を伝えました。この時から、「依頼のあった仕事は、感謝し笑顔で引き受ける」という私なりの座右の銘が誕生したように思います。その後の理事としての四年間は、フットワークの軽さだけは他の理事の方々にも負けないように、会議や研修（準備も含めて）ほぼすべてに参加するよう心がけました。さまざまな先輩・仲間との「つながり」ができることによって、県内のネットワークと同時にＰＳＷとしての視野の「ひろがり」を感じることができました。

(2)　立場が人を育てる

もし、私がいつか「ＰＳＷとしての人生の節目はいつですか」と問われたなら、迷わず「二七歳の時です」と答えます。ＰＳＷ六年目を迎えた私は、いくつかの節目を迎えましたが、最も大きな転換期として、茨城県ＰＳＷ会会長に就任することになったからです。当時は全国的にみても会長として最年少だったそうです（もしかすると、今も最年少記録かもしれません）。ここで強調しておきたいことは、何も私が「突出した若手のホープであった訳ではない」ということです（協会への思いは、他の方にも負けていないという自負はありましたが）。会長としての初日となる総会前日は、あまりのプレッシャーから、人生で初めて胃薬を服用したことを、胃の痛みとともに昨日のことのように思い出されます。障害者自立支援法が施行され、会長候補の方々が法人の重要な舵取りを迫られる時期であったことなど様々な背景があったとはいえ、今思うと、私を抜擢してくださったベテランＰＳＷの方々の懐の深さを思わずにはいられません。決して才能がある訳ではないが、自分なりに考え努力をしている若手ＰＳＷの姿を、周囲の先輩方は見守り、そして評価してくれていたのではないかと今では思います。二〇代で県協会の顔になるという希少な経験によって、確実に見える風景が変わりました。それまでは、いわゆる個別支援を中心に、目の前の利用者の方々と丁寧に向き合い続けることが主眼でした。もちろん、今でもそのかかわりは大前提ですが、利用者の方々の生活課題は個人の問題よりも社会構造にあることを実感し、その改善の道筋を少しずつ意識できるようになったと感じます。

「立場は人を育てる」といいますが、会長としての四年間の経験のなかで、県内だけではなく、全国のＰＳＷの先輩や仲間とのつながりができたことは、決してお金では買えない私の貴重な財産です。それからの私は、ほぼ毎年のように、日本ＰＳＷ協会全国大会に参加しています。大規模の同窓会（少しだけ新しい出会いもありつつ）のような雰囲気を楽しみながら、私自身の実践を発表する機会を通じて、支援や研究に関するアイデアの「ひらめき」につながっています。

こうした経験から、「自分自身が懸命に一〇〇名の利用者に向き合うことも大切だが、自分より優れたPSW一〇〇名を世の中に輩出する方が、結果的に利用者の方々に貢献できるのではないか」という発想の転換につながり、大学教員として歩みたいと考える大きなきっかけとなりました。

(3) 専門職団体に加入することの意義

協会活動に携わっていると、時々「専門職団体に加入するメリットは何ですか」という質問を受けることがあります。私は専門職団体に加入することが当たり前という文化で育ったので、なかなか答えが難しいのですが、いくつかの意義があると私は考えます。

まず、自己研鑽のモチベーションにつながるということです。PSWとしての質の向上のために自己研鑽は重要ですが、自分一人だけで研鑽の意欲をもち続けることには限界があります。モチベーションが上がらない時は、自分自身がPSWを目指した原点を振り返ることが大切です。専門職団体の研修に参加し、同じ志をもつ仲間・先輩と学び合い、交流することを通じて、原点回帰の機会を得ることができます。次に、自分の興味・関心がある最先端の知識や技術を最速でキャッチでき、最前線で活躍する人々と出会えることです。日本PSW協会は関連する全国組織と連携・協働し、網羅的な情報収集を行い、それらを整理し簡潔かつ明瞭な情報発信をしています。また、それらの情報を基に、旬なテーマの研修を開催しています。そして、その研修に参加することによって、同じ志を抱く全国の仲間と直接出会うことができます。こうして、効率的かつ効果的に生きた学びや気づきを得ることができることこそが、専門職団体に加入することの意義であり、醍醐味であるといえます。

4　専門職として成長し続けるために

(1)　精神保健福祉士自身も重要な社会資源

ＰＳＷの武器は、かかわりの主体であるＰＳＷ自身ですが、私たちＰＳＷも常に変化し成長していく存在です。自分自身のストレングス（強み）が支援の幅を広げていきますので、ぜひ仕事だけではなく、プライベートや余暇活動も大切にしてほしいと思います。同じ趣味の人同士で新たなつながりが生まれるなど、さまざまな自己研鑽の形があってていいのではないでしょうか。

もしかすると、社会人経験のあるみなさんのなかで、同世代のＰＳＷと比較して実務経験が少ないことに引け目を感じる方もいらっしゃるかもしれません。しかし、精神保健福祉領域以外のネットワークをもつことは、ＰＳＷとして大変意義深いと考えます。なぜなら、現代のソーシャルワーカーのあり方として、多様化するメンタルヘルス課題に対し、分野・世代を超えた新しい連携のかたちを生み出すことのできる人材が求められているからです。社会人経験のあるみなさんは、福祉に留まらない地域のニーズに基づく発想をもった支援を展開できる可能性を秘めています。

(2)　先輩や仲間との語りから学んだ四つの私見

これまでのまとめとして、ＰＳＷ自身が専門職として成長を続けていくための取り組みとして、私自身の経験を基に学んだ四つの私見をお伝えします。

一つ目は、自分自身のストレングス（強み・長所）を発見し磨き続けることです。ぜひ利用者の方々とともに、自分のいいところを探してみてください。自分だけではできていないところに目がいきがちかもしれません。ぜひ仲間との語らいを通じて、お互いにいいところを見つけてみてはいかがでしょうか。自身のストレングスが、ひいては新たな支援の広がりを生み出すことにもつながります。二つ目は、常に謙虚で学ぶ姿勢をもち続けることです。みなさんがこれからかかわるすべての人々から学ぶことがあるはずです。その姿勢が、相手を尊重し多様な連携・協働を創造することにつながります。三つ目は、眼に見えないからこそ、ソーシャルワークの価値を養う努力を惜しまないことです。方法の一つとして、「何を考え」「どのようなことに取り組み」「その結果は何か」というプロセスを通して「みえる化」できるソーシャルワーク記録を心がけてみましょう。記録化を通じて、自己覚知の深まりにつながっていきます。四つ目は、バーンアウト（燃え尽き）を防ぐための工夫をすることです。研修等を通じて、自分のかかわりや胸の内を話せるよき仲間・よき先輩探しをしましょう。自分一人で悩みを抱え込まないことが大切です。壁にぶつかっても、チャンスがあれば何度でもやり直すことができます。ぜひ、社会人経験を活かせるみなさんだからこそできるソーシャルワーク実践の展開を期待しています。

引用・参考文献

・柏木一惠「精神保健福祉士に求められる役割について」『第二回精神保健福祉士の養成の在り方等に関す

る検討会』資料、二〇一九年 https://www.mhlw.go.jp/content/12200000/000488346.pdf

Ⅱ 職能団体が果たす研鑽体系

1 職能団体の役割

医師には医師のために組織された医師会があり、弁護士には弁護士会、看護師には看護協会があるように、精神保健福祉士には精神保健福祉士の集まりによって組織されている「精神保健福祉士協会」という職能団体が存在しています。具体的には北海道から沖縄までの全国にわたり一都一道二府四三県ごとの四七の都道府県単位による精神保健福祉士協会と全国規模の組織である公益社団法人日本精神保健福祉士協会とによる合計四八の精神保健福祉士協会があります。いずれの協会も、精神保健福祉士の資質の向上を図ることや精神保健福祉士のもつ専門性が社会においてどのように役立つのかといったことを周知していく普及啓発活動、そして精神障害者の社会的復権と福祉のための専門的・社会的活動を進めることを起点にしながら広く国民全体の精神保健の保持・増進、精神疾患・障害の予防、精神疾患・障害のある者への理解の促進など、誰もが暮らしやすい社会を作っていくことへ寄与することをその日的としています。重畳《ちょうじょう》的に協会組織が存在することが傍から見るとわかりにくさを感じるかもしれませんが、都道府県単位の協会と全国組織である協会との違いは、その取り組みの内容が、地元の地域事情に根差した身近な都道府県内における活動を規模としているのか、一都道府県単位では取り組みにくい全国的あるいは広域的な規模での活動を主としているのかということになり、ソーシャルワーク実践のためにはどちらの規模も欠かすことはできない機能であり、都道府県単位の各協会と日本精神保健福祉士協会とはそれぞれ固有の組織体でありながら相互に連携・協働する関係にあります。

さて、精神保健福祉士にとって自分たち自身を支える組織である精神保健福祉士協会は必要不可欠な存在ではありますが、精神保健福祉士の国家試験に合格し国への登録が済み、晴れて精神保健福祉士の資格保有者となっても、そのまま自動的にこれらの職能団体の一員になれるわけではありません。協会の運営は協会に入会した会員（構成員）により成り立っています。まずは、各協会への入会手続きをして会員（構成員）となることが求められます。精神保健福祉士の現任者としてのスタートを切ることになった際には、どの領域で就労することになったとしてもご自身が所在する都道府県の精神保健福祉士協会と日本精神保健福祉士協会の両方へ入会しましょう。第五章のIにも書かれているように精神保健福祉士には「資質向上の責務」があります。専門職者として自己研鑽を継続していくという信念を支え、強化していくために、精神保健福祉士が資格化される以前からの実践者である数多の精神科ソーシャルワーカー（ＰＳＷ）が奮闘し協会という組織を誕生させています。協会活動には、精神保健福祉士が負うべき社会的責務とは何か、その視点・専門性とは何かを先達らが繰り返し問い続け蓄積した叡智《えいち》が基盤としてあり、今後も時勢に応えながら一人ひとりの精神保健福祉士が社会的使命を果たすことをバックアップしていくという役割を協会は担っています。協会員は、協会のさまざまな事業を積極的に活用していくことで、人脈が広がり、最新の社会状況（医療・福祉の動向、法制度や施策の展開、国民・社会の意識変化など）を知る機会を得、さまざまな具体的な自己研鑽の場の提供を受けることができます。

資格取得は専門職としてのスタートラインに立ったにすぎません。本当の意味で一人前の精神保健福祉士となるためには、ミクロ・メゾ・マクロのソーシャルワーク実践が展開できるようになる必要があり、その実践力を身につける手がかりは職能団体にあるのです。現在の日本においては残念ながら福祉職の給与待遇はまだまだ低いため、個人で会費を払ってまで協会に入る意義があるのだろうかとの疑問はよく耳にする話です。しかし、そうした自分たちの社会的立場の向上に関する問題も含めて、一個人の力では変革し難いことを、組織課題として社会に訴えていくのも協会の役割の一つなのです。

自身の職能団体を軽んじることは結果として精神保健福祉士である自分を軽んじることとなり、会員の自発的な参画を得られない脆弱な職能団体では社会への発信力も弱まり専門職としての価値が問われることになりますし、これまで継承してきた専門性は衰退の途を辿ることになりかねません。

資格を取得し現任者となったら、協会に入会し仲間とつながりながら活動するのが当たり前であると心得ていただきたいものだと考えます。

2　プロフェッショナルとしての成長を目指す

先述致しましたが資格を取得したからすぐにプロフェッショナルな仕事ができるということではありません。国家資格を手にし、いよいよ現場で実践を繰り広げていこうとするとき、誰もが「人」や「人の暮らし」という千差万別の事柄と向き合い、道筋も答えも幾通りもあるという現実を数多く経験するなかで、自分の仕事が正解なのかどうかということに悩み、揺れ動きます。資格取得のために教育機関で学んできた専門職としての倫理や価値、専門的な知識や技術を現場の実践のなかで生かし専門職としての力を育んでいくことや、試験の時に学んだ法制度や社会資源は目まぐるしく変化をしていきますから、身につけた知識等を適宜見直していくことが不可欠となっていきます。つまり専門職として生涯にわたりたゆまぬ研鑽をし続けることが必要となるのです。

では、その専門性をどこで学び続ければよいのかということになっていきます。今の世のなかは情報社会ですからあらゆるツールから求める情報を入手することは難しくはないですし、仕事に近接するところで多様な研修が展開されており、自分の実務に関連する技術的な事柄の向上に役立てる手段を見つけていくことは可能でしょう。しかしそうして蓄えた知識や技術が偏ってしまってはいないか、精神保健福祉士の専門性に依拠した学びとなっているかを確認していくことが重要となるのです。精神保健福祉士協会は「精神保健福祉士である」個人の集まりであり、職能団体である協会組織には現任者である精神保健福祉士を育成していくという大きな責任があります。各都道府県単位の精神保健福祉士協会も全国規模である日本精神保健福祉士協会も精神保健福祉士の有資格者の資質を保証していくために、研修に限らずあらゆる研鑽機会の場を提供しています。

近年、精神保健福祉士が実践現場とする領域は多岐にわたっています。従来の精神科病院や地域の生活支援に関連する福祉事業所ばかりではなく、生活困窮や児童虐待、不登校やひきこもり状態、高齢者の生活問題、自殺や孤立死の問題、あるいは司法領域における被害者・加害者への支援など、生きることに困難を抱え支援を必要とする生活者は増加しています。いずれの生活課題も複合的で複雑な様相を呈しており、これらの多くはメンタルヘルスにかかわる問題への理解を備えつつ入り組んだ課題に対応できる専門性の高い実践力が必要であるため、精神保健福祉士の活躍への期待は大きくなってきているといえます。このように支援対象となるクライエントの在り様は多岐にわたることになりますが、精神保健福祉士であればどの領域で仕事をしていても、時代や社会状況にかかわらず共通して揺るがずに有する理念があります。自分が携わる職場で仕事を覚えることと、クライエントとのかかわりを通じて精神保健福祉士として成長することが乖離《かいり》しないことが「専門職としての質を担保する」ことであり、資格者として責任ある姿勢といえるでしょう。

現在の日本国内における精神保健福祉士の多くは、独立型の事務所を構えるというよりは何らかの機関に職員として所属して生業をたてることが主流です。そうした仕事背景のなかでは、ソーシャルワーカーとしてクライエントの権利擁護を目指すことと所属機関の職員として「仕事をこなすことを求められる」こととの間には葛藤が生じていきます。職場において必要な技能を伴う業務内容を覚えていきつつ、その仕事を実施していく上でソーシャルワーカーとして大切な人権感覚を失わないようにするためには、就職後も継続的に自己を点検する環境を自分自身でマネジメントしていかなくてはなりません。実は葛藤を感じない、葛藤を忘れてしまう状態であるときが一番、精神保健福祉士としての専門性にほころびが生じる可能性があると考えられます。忙しく日々の仕事に追われながら、仕事にも慣れて経験を積んでくると、「仕事をこなせている自分への安心感」などから、自身の実践を振り返ることが手薄になる傾向が見られがちです。しかし、ソーシャルワーカーたる精神保健福祉士は「反省的実践家」を心掛けていかなくてはなりません。それではどうやってプロフェッショナルとしての自分を磨いていけばよいのでしょうか。そもそも精神保健福祉士の専門性とはどのような点をさすのでしょうか。

3　自分の業務の根拠を語る（言語化する力）

他の専門職（たとえば、医師や弁護士など）はどのような仕事をする人たちであるかを一般的にイメージしてもらいやすさがありますが、「精神保健福祉士です」「ソーシャルワーカーです」と自己紹介しても具体的にどのような仕事をするのかを他者に理解してもらいにくい面があります。仮に小学生にわかりやすく説明をしようとしたら「生活で困っていることについて相談にのるお仕事です」といった表現になるでしょうか。しかし、「相談にのる」こと自体は他の多くの職種も行っていることですし、仕事から離れたあらゆる生活場面で誰の間でも日常的に「相談」は行われることでもあります。生活全体を見渡して、人の暮らしという非常に幅の広い事柄に対してソーシャルワーク実践を行うなかで、精神保健福祉士自身がきちんと「これは専門性に裏打ちされた業務である」と確信をもっていけるかどうかは、現任者になってみると案外悩んでいく部分でもあるのです。

そうはいっても精神保健福祉士として働き始めれば、いろいろな場面で自分の行っている仕事を伝えていく必要が出てきます。その相手はクライエントや家族であったり、支援のために協働している他の専門職者や他業種、地域住民であるかもしれません。あるいは、後進育成のため職場の後輩や実習生にソーシャルワークという仕事の専門性の根幹を説明できなくてはならないでしょう。

ここまで読み進めても恐らく実務を経験してみないと、なぜ専門性が語りにくいのかというイメージはわきにくいことと思います。たとえば私は医療機関で精神保健福祉士の実務をしていますが、チーム医療を展開する上で多くの職種の役割が重なり合っていてその重なりからはみ出している部分がそれぞれの「専門職としての独自性」と捉えることができるのではないかと思います。制度の活用や社会資源については精神保健福祉士ではなくても、その情報を持ち合わせていればクライエントに紹介したり利用を勧めたりすることは他職種にもできます。障害年金申請を一例に挙げてみましょう。年金申請援助なら社会保険労務士は専門家ですし、ベテランの医師が制度の活用を勧めることもあるでしょうし、行政などの相談窓口から紹介されることもあるかもしれません。では、医師等の相談と精神保健福祉士の相談とでは何が違ってくるのでしょうか。精神保健福祉士はクライエントに対して年金受給開始の結果だけを提供できれば良いとは考えません。年金申請を進めていく際のかかわりを大切にしていきます。クライエントによっては、独自の収入を得ることで少しでも家族への負い目を軽くしたいと考えているかもしれませんし、本当は働くことで収入を得たいのに年金という手段を選ぶことに人生の挫折感を感じているのかもしれません。あるいは年金を受けることで「障害者」であるとのレッテルを貼られるようで辛いと感じるのかもしれないなど、個々のクライエントによってさまざまな想いや葛藤を抱えることが想定されます。精神保健福祉士はそうした個別の思いや事情に寄り添いながら、クライエントの環境もアセスメントしクライエントと環境要因の両方へ働きかけつつ、クライエント自身が「生き方を自分で決める」ことを支援していくのです。

日常業務の言動のなかに溶け込んでしまっている「専門性（価値・倫理）」を何となく感覚的にわかっていることで良しとせず、その業務の根拠を言語化し振り返ることができるように資質に磨きをかけていくことが資格者としての責務なのです。そして、仕事の経験年数を漫然と重ねたからといって資質が自然と磨かれるものではないため、新任者からベテランに至るまで自発的に精神保健福祉士としての知識及び技能の向上のために生涯にわたり研鑽を積まなくてはなりません。

4　研鑽の積み上げ方

精神保健福祉士を続ける以上、常に研鑽を積み続ける必要があることをご理解いただけたでしょうか。それでは、一口に研鑽といっても具体的にどうしたら良いのかということになってきますが、確実な資質向上に向けては「研修」「スーパービジョン」「自己研鑽」の三つを偏ることなく総合的に積み上げていけることがとても重要となります。どれか一つが集中的に満たされているということではなく、バランスよくこの三要素が展開されることが望ましいのです。スーパービジョンについては本章のⅢに詳述されますので省略しますが、自己研鑽の範囲は幅広く考えていけるものと思います。

職能団体である協会活動はすべからく自己研鑽へとつながります。たとえば、精神保健福祉士協会の役員になることや協会の委員会活動に委員として参画し職場以外の活動拠点を作ることで常に変化する社会動向や制度等の事情に精通していきやすくなるでしょうし、他団体や他職種とつながれる機会も得やすくなります。また、大会や学会等へ参加し知見を広げたり、自らの実践や研究を取りまとめて発表する体験につなげたり、仲間との交流の機会を広げることもできます。あるいは機関誌等を読むことはもちろん、投稿をしていくことで記録をする力・言語化する力を磨くこともできるでしょう。こうした自己研鑽の方法はもちろん、職能団体への参画だけではありません。趣味や家庭生活などの私的な時間のなかで福祉とは直接関係のない専門外の活動にふれることも、自らの視点を変えて視野を広げる糧になっていきます。大切なのは精神保健福祉士としての自分の活動の場を勤務先の業務だけにとどめないことです。多様な異なる活動での学びを往還させながら精神保健福祉士としての成長へと結びつけ統合していくことは、職業人としての成長だけでなくおそらくは一人の人間としての成長へとつながる喜びを得ることでしょう。

5　生涯研修制度について

さて、最後に研鑽方法として最もわかりやすく取り組みやすい「研修」についてご紹介しましょう。情報を集めれば、年間を通じてあらゆる機関において数多くの研修が開催されています。技能を磨いたり新たな資源情報を入手する場として、関心のある研修を受講し本来の業務へ援用していけると良いと思います。しかしここでは、数多ある研修のなかでも「精神保健福祉士であるならば」知っていて欲しいし受講して欲しい研修システムをお伝えしていきましょう。

一人ひとりの精神保健福祉士の自己研鑽や学習の機会を組織的に支援することを重視し、職能団体として体系的な研修プログラムとシステムを整備している公益社団法人日本精神保健福祉士協会の生涯研修制度について説明をしていきます。各精神保健福祉士協会への入会の動機として大きく占めるものに「研修を受けたいから」ということがあげられます。図表5－1に示した生涯研修制度は「研鑽せずとも実践家として現場に居続ける」ことにならないよう、全国規模組織である日本精神保健福祉士協会がその社会的責務として、また、個々の精神保健福祉士の要請に応えるために創設してきました。研修の種類を「基幹研修」「養成研修」「課題別研修」に大別しています。基幹研修では経験年数に応じて積み上げながら基幹研修Ⅲを修了すると「研修認定精神保健福祉士」となり、その後は五年ごとに更新研修を受けつつ「認定精神保健福祉士」を維持することができる仕組みとなっています。養成研修では特定のテーマのエキスパートを養成し、課題別研修は時宜に適った社会的要請の高いテーマを実

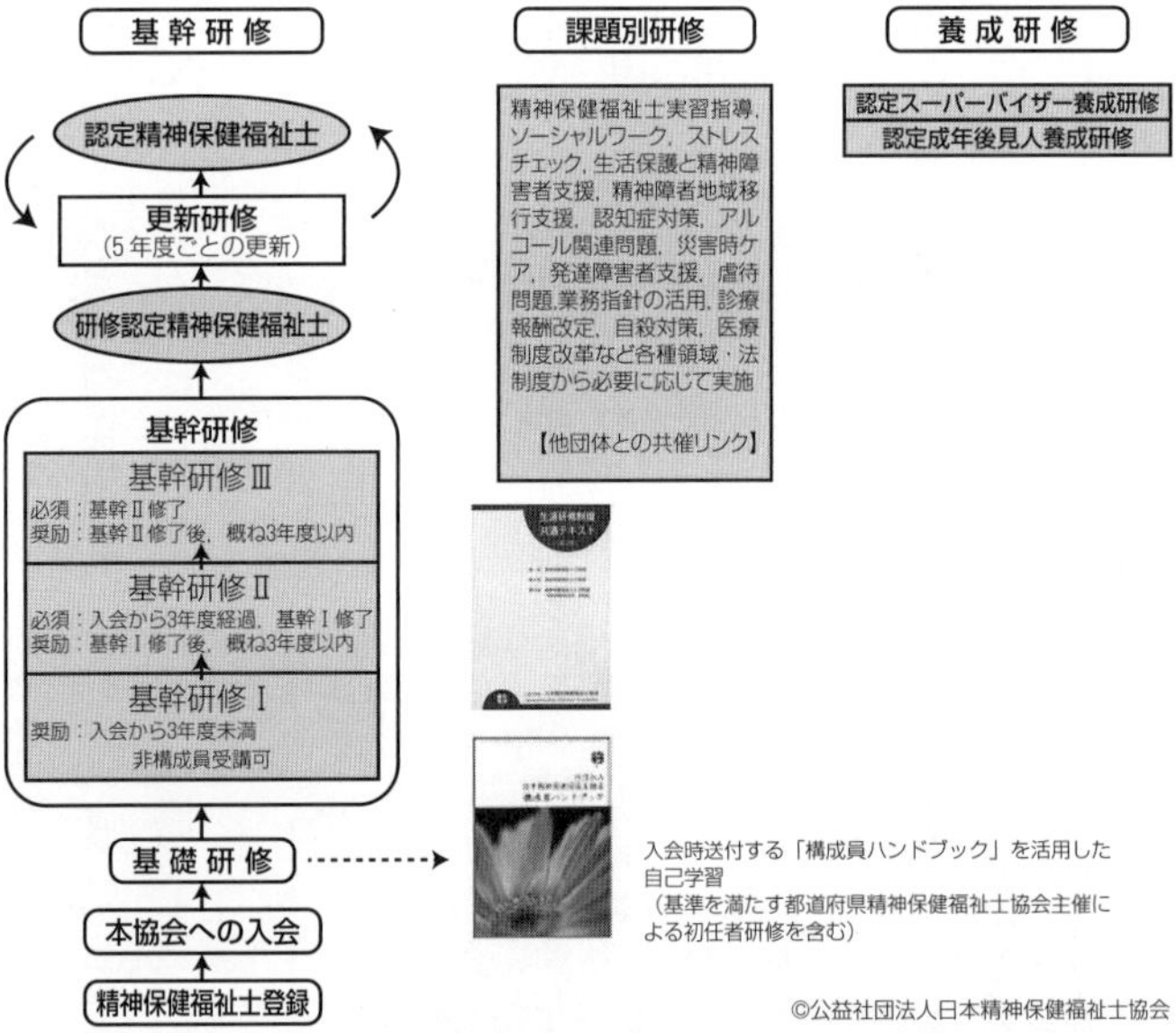

図表5－1　3体系で構成される日本精神保健福祉士協会生涯研修制度
出所：日本精神保健福祉士協会研修センター
ホームページ（http://www.japsw.or.jp/ugoki/kensyu/2.htm）

施していています。こうして循環する研修制度体系のなかに身を置いていただくことで、専門職者として繰り返し理念を確認し実践力の涵養をはかっていけるように現任者を支え、社会に向けて専門職者として一定の高い資質を保障していくことを協会としてめざしているのです。

参考文献
・日本精神保健福祉士協会「専門職としての研鑽を支える」『日本精神保健福祉士協会五〇年史』日本精神保健福祉士協会、二〇一四年
・日本精神保健福祉士協会『生涯研修制度共通テキスト　第２版』日本精神保健福祉士協会、二〇一三年

Ⅲ　精神保健福祉士の成長におけるスーパービジョンの必要性

1　スーパービジョンの意義と目的

ソーシャルワーカーとしての専門性を磨くために、スーパービジョンが欠かせないことはよく知られています。スーパービジョンがなぜ必要で、なにをすることなのかを学ぶために、まず私がスーパーバイザーとして携わったグループスーパービジョンの様子を、筆者の目線で記述します。

ここでご紹介する風景は、職場の異なる経験一〇年以上のＰＳＷ同士が、自分たちの研鑽のために外部からスーパーバイザーを呼んで定期的に実施したグループスーパービジョンの一節です。事例提供者を毎回決めておき、そのＰＳＷ（Ａさん）が提示した課題にそって全員で討議します。


今日のＡさんは疲れているのだろうか。五人の精神保健福祉士（以下、ＰＳＷ）のグループスーパービジョンを始めて二年が経つ。スーパーバイザーを引き受けることになって初めて出会ったメンバーだが、一人ひとりの個性はある程度見えてきた。ベテランＰＳＷのＡさんは、いつもリーダーシップを発揮し、周囲を見渡しながら比較的早い段階で口火を切りグループの雰囲気作りにも貢献してくれている。

ところが事例提出者となった今日のＡさんは、他のメンバーからの質問に「そこまでは聞けていない」「それはわからない」「たぶん～だと思う」と曖昧な答えが続く。

わたしは、Ａさんと他のメンバーとのやり取りを聞きながら思い返した。Ａさんは事例の提出理由について「職場で報告しながら支援方針にひっかかりを覚えたので再考したい」と述べていた。

そうだ、Ａさんは自分の支援に対する〝ひっかかり〟を、曖昧な応答の中で表現しているのだ。

わたしはそう気づくと、少し注意深く他のメンバーとＡさんの対話に聴き入り、相談支援専門員としてのＡさんの職場での姿を思い浮かべようとした。そうして浮かんできたのは、利用者さんとの定期的なモニタリング場面で、Aさんがやや形式的な発言をしている様子だ。無理もないかもしれない。利用者（B氏）とのかかわりが、すでに通所中の就労支援事業所への利用計画の作成を行政職員から依頼され、いわゆる「後付け」のアセスメントと既存の計画の文章化から始まったという。それでもAさんはPSWだから、B氏と対面して話し合うことや、モニタリングとモニタリングの間にもB氏に電話をかけて通所中の様子や感想などを尋ねることは怠りない。

しかし、飲酒問題を抱えているらしきB氏に、Aさんはそのことを伝えて断酒を勧めるべきかどうか悩み、さらに今の支援計画では飲酒を助長しているのではないかという疑問を持ち、だがそれをB氏本人や他の支援者と話し合うべきかどうかで逡巡《しゅんじゅん》している。AさんがB氏の事例をスーパービジョンに提出した真の意図はここにある。

相談支援専門員は忙しい。多数の利用者を抱え、計画相談のみのかかわりにおいてどこまで踏み込むか、それは自身の業務調整との兼ね合いからも検討しなければならない。休日返上で書類作成にも追われているAさんが、一見安定して就労支援事業所に通えているB氏に対して計画作成だけのあっさりとしたかかわりだったとしても誰も咎《とが》めないし、ケアマネジメント役としては必要最低限の任務を果たせているのかもしれない。

「Aさんの苦悩の意味はよくわかる」と相談支援専門員をしている別のメンバーがうなずく。就労支援事業所に勤める別のメンバーは「Aさん、相談支援専門員の仕事に誇りを持っているんですね」と言い、グループホームの世話人であるベテランのメンバーからは「B氏はAさんを頼っているから電話してくるのだと思う」との言葉がかけられる。

こうしたやり取りを経てAさんは、自身がB氏との間でアルコール依存の問題を共有してこなかったことに気づかされたと語り出した。そして、忙しさを理由にすることや障害者総合支援法における計画相談支援の仕組みに対する疑問、後付けの計画作成だけを求めてきた保健師に対するPSWとしての意地のような気持ちがあったことを吐露した。B氏に飲酒問題を投げかけることは、寝た子を起こすようなものかもしれない、だから無意識のうちに避けていたのかもしれないという。

わたしは「でも、AさんのPSWとしての思いが、何かしらの〝ひっかかり〟を示したのですね」と応答した。Aさんは「はい。相談支援の仕組みとか他職種への不満とは別に、私自身がB氏とのかかわりに逃げの気持ちがあったり、手抜きをしようとしていたのかもしれません。やっぱりBさんとお酒の話をちゃんとしてみたいなと思います。」と、いつものハキハキした口調で述べた。

参加者が一人ずつ感想を述べ、グループスーパービジョンの終わりにAさんは「このように本音を安心して語れる場が日々のストレスフルな仕事を支えている」と言った。他のメンバーも、職場はそれぞれ異なっているが同様の思いを抱えながら、ここでPSWとして大事な視点や信念を確認し合えることがいかに貴重かと言い合っていた。

（複数事例を組み合わせて個人が特定されないように加工しています。）

事例提出者のAさんは、自らの実践になにかひっかかるものを覚えていましたが、グループスーパービジョンが終わるときにはそれがなにによるものだったのかに気づき、これからどうしていこうかという方向性を見出しています。いつもこのようにすっきり終わるとは限りませんが、スーパービジョンではPSWとしての実践を振り返り、自身の支援の傾向に気づいたり、本来の思いを再確認したり、PSWとして外すことのできない価値を再認識していくプロセスを、スーパーバイザーのサポートを受けながらたどります。さらに、グループスーパービジョンでは仲間のPSWも同じくスーパーバイジーとしていっしょに考えることになります。

こうしたことができるためにはスーパーバイザーとの間で、またグループスーパービジョンであればさらに他のスーパーバイジーとの間での信頼関係の形成が不可欠です。安心できる環境で自分の間違いや欠けているところもさらけ出し、それを受け止めながら課題を再発見していくところに意義があります。このプロセスを通じて、スーパーバイジーはPSWとしての今後の自分の行動や心構えを見定めていくことになります。つまり、スーパービジョンでは事例の支援方法を具体的に検討するわけではなく、自らの実践を振り返り、よりよい実践に向けて試行錯誤しながらPSWとしての専門性を高めていくことが目的となります。そこがケア会議やケースカンファレンスとは質的に違います。

2　スーパービジョンの方法

(1)　スーパービジョンの構成要素

スーパービジョンは、スーパーバイジーとスーパーバイザーという2人以上のソーシャルワーカーによって行われます。これらがどういう位置付けにあるのかを説明します。

●スーパーバイジー

ソーシャルワーカーという専門職としての業務を行う上で、ベテランのソーシャルワーカーや上司の助言、指導、サポートを得たいと考える職員のことで、たとえば、新人、初任者、上司から見た部下などの他、拡大解釈すればソーシャルワーカーをめざす実習生も含まれます。なお、ソーシャルワーカーが専門職である以上、自身の力量を磨くことは仕事を続ける限り継続しなければなりません。長い経験をもつベテランがスーパーバイジーの場合もあります。

●スーパーバイザー

ソーシャルワーカーとしての専門性に根差した経験のある熟練者で、職場での立場上は上司や管理職、施設長ということもあります。実習生にとっては、実習指導者とも呼ばれます。スーパーバイザーは、単に経験年数が長ければよいのではなく、研修やトレーニングを受けている必要があります。経験年数の規定はありませんが、たとえば、精神保健福祉士の実習指導者は、資格登録後三年以上の実務経験と国が規定する講習会の修了が要件です。専門職団体である日本精神保健福祉士協会の認定スーパーバイザー養成研修の受講要件は、さらに長い経験年数と所定の研修の修了歴が求められます。

(2) スーパービジョンの成立要件

スーパービジョンは、上司が部下に対して行う職員教育とは異なり、ソーシャルワークを実践する専門職同士の間で、一定の契約に基づいて行われることに意義があります。契約というと堅苦しく聞こえるかもしれませんが、スーパーバイジーが目的意識をもち、それをスーパーバイザーと共有して開始すること、目的に応じて方法や頻度、実施時間や場所、費用などの枠組みをあらかじめ決めることを重視します。こうしてお互いに責任をもって取り組み、スーパーバイジーの成長のためにスーパーバイザーは専門性を活用することが求められます。また精神保健福祉士という国家資格に規定された利用者への守秘義務を守ること、さらにスーパーバイザーは、スーパーバイジーの語る悩みや不安、失敗体験などに対しても守秘義務を遵守することを契約時に確認します。

こうした取り組みを両者が同一職種で行うことをスーパービジョンといい、異職種によるコンサルテーションとは区別します。

(3) スーパービジョンの内容

スーパービジョンで扱う中心的な課題は、ソーシャルワーカーであるスーパーバイジーの専門職としての実践です。利用者との「かかわり」や、ソーシャルワーカーとしての「思い」なども含みます。つまり、ＰＳＷとして支援対象である個人や集団、環境などをどのようにアセスメントし、どのような感情をもって向き合い、どのように考えてどのような支援を展開したか、というソーシャルワークの一連のプロセスを、スーパーバイジー自身が振り返ることです。

スーパーバイザーは、スーパーバイジーの必要に合わせて考え方の癖や支援の傾向、性格、価値観等について自己点検を行うことを支援します。診断的、治療的にスーパーバイジーの内面を一方的にこじ開けたり、査定するようなことはせず、その人格、生活、人生観、対象者観、価値観等を深く尊重してかかわる立場をとります。

スーパーバイジーの課題について具体例を挙げると以下のようなものがあります。便宜上、項目を分けますが実際には複数の事柄が入り混じっています。

●利用者とのかかわり（支援関係の構築、支援の行き詰まり、感情的な摩擦）
●ＰＳＷであることの自信（性格的に自信をもちにくい、力量が不足している、高度な支援技術や知識を求められている）
●スーパーバイジー自身が抱える個人的課題（個人的な発達課題、人生経験やライフスタイルとの兼ね合いなど）
●上司・部下・同僚との人間関係（指導教育のあり方、指示命令系統の問題、他の同僚と比較されることによる不安など）

●他職種との関係（連携のとり方、職種による意見の相違、業務分担のあり方など）
●職場環境への不満（人間関係、待遇、業務内容、所属機関の方針や限界）
●意欲消失（仕事へのモチベーションやソーシャルワーカーであり続けることへの揺らぎ）

(4) スーパービジョンの機会

スーパービジョンをどういう環境で実施するかによって、スーパーバイザーとスーパーバイジーの関係には構造的な違いがあります。それぞれのメリットがありますが、ここでは留意する点を整理します。

●**職場内スーパービジョン**

雇用主や上司が、新人や部下を職場の求める人材に育てるために、仕事を通じて行う計画的で継続的な教育（on the job training : OJT）は、どこの職場でもある程度行われています。そして、これは新人や初任者が職場での責任を果たせるようになるために必要不可欠な教育ですが、スーパービジョンとは異なる取り組みです。

職場内にスーパーバイザーを確保できるかどうかは、地域や組織の事情等によりますが、まず上司と部下によるスーパービジョンを業務に位置づけることが大切です。そして、ＯＪＴとは区別し、また、勤務査定のための指導や指示と混同することのないように留意する必要があります。勤務査定という評価軸が意識されると、スーパーバイジーが自己の実践や支援の傾向を振り返り、その過程での迷いや失敗、困惑などを語りながら受け入れることは難しくなるためです。

●職場外でのスーパービジョン
職場の上司―部下関係を離れた形態となる職場外スーパービジョンでは、ＯＪＴとの区分けはわかりやすい一方で、守秘義務の遵守には特に留意が必要です。スーパービジョンではソーシャルワーク実践として、多くの場合スーパーバイジーと利用者とのかかわりがレポートに記され、語られます。スーパーバイジーは、自己研鑽のために利用者の個人情報を職場外に持ち出すことについて利用者の了解を得ておくことが大前提となり、さらに個人が特定されないようなレポート記述をしなければなりません。
職場外でスーパービジョンを受けることについて職場の承認を得ておくほうが望ましいこともあります。ただし職場自体の抱える課題がスーパーバイジーの悩みや困難の原因であることも珍しくなく、職場の承認は必須ではありません。スーパーバイザーはスーパーバイジーが働く職場や地域の特性およびスーパーバイジーの立場をある程度理解する必要がありますが、知り得たスーパーバイジーの状況に対する守秘義務も負うことを忘れてはなりません。

3　スーパービジョンの受け方

ここでは、本書の主な読者として想定される新人や初任者のＰＳＷがスーパービジョンを受けたいと思ったときにどうすればよいかを紹介します。

(1) スーパーバイザーの探し方

2の(4)でも記述したように職場内外のどちらでスーパービジョンを受けるかによりますが、上司や職場の先輩がスーパーバイザーを担ってくれる場合、勤務時間内で行うのか時間外に別途機会を設けるのか、時間外の場合の費用（スーパーバイザーへの謝金の有無）や実施場所などを相談します。職場外のスーパービジョンであれば、これらは契約の必須事項として確認します。

日本精神保健福祉士協会では、同協会の認定スーパーバイザーについてWEBサイトで情報公開しているほか、都道府県精神保健福祉士協会でもスーパーバイザー紹介制度を設けたり、スーパービジョンの機会を提供しているところがあります。また、大学などの教育機関は卒業生を主対象としつつ、対象を拡大してスーパービジョンを行っています。冒頭でご紹介したように、地域でグループを作りスーパーバイザーを招聘する方法もあります。実施場所や方法、費用などは各スーパーバイザーと確認して契約します。

(2) スーパービジョンのレポートの書き方

スーパービジョンではスーパーバイジーの実践レポートを活用することが一般的です。その書き方についてはスーパーバイザーから説明されますが、盛り込むことが望ましい内容や記述のための留意点をまとめます。ただ、整ったレポートを作成することが目的なのではなく、丁寧に自己洞察し、自分の言葉でそれを記述することに意味があります。

① スーパービジョンのテーマ

スーパービジョンは、ケア会議と異なり利用者への支援方策の検討や、スーパーバイザーによる講義や教示ではありません。レポートは、スーパーバイジーが自己の実践について振り返って考えることを目的とした記述になることが求められます。そこでの中心的な課題をテーマとして掲げます。

② スーパービジョン提出の意図

テーマに沿って、具体的に今回のスーパービジョンで扱いたい事柄について記述します。実践のなかで悩んだり迷ったり不安に感じていること、スーパーバイザーとともに考えたいことを言語化します。

③ スーパーバイジーの立場

職場外のスーパーバイザーが、スーパーバイジーの経験年数や職務経験、職場環境や業務内容などを把握するために必要な情報です。職場内や継続的な個人スーパービジョンでは毎回記述する必要はありませんが、グループスーパービジョンにおいて、所属が異なるスーパーバイジーが参加している場合には記載します。

④ 事例概要

ケア会議の資料と異なり、利用者情報（生育歴や家族歴、治療経過等）を詳述する必要はありません。スーパービジョンのテーマに関連する部分を具体的に記述します。利用者の氏名のイニシャルは用いず、住所や利用施設等の固有名詞も記載しません。現在をX年として過去は「X－○年」とするなど個人が特定されないよう留意します。

⑤　実践の経過と考察

スーパービジョンにおいて最も重要な項目です。ＰＳＷとしての自分の実践を省察し、どのように支援してきたか、その過程でどのようなアセスメントをしているかを記述します。ケース記録とは異なり利用者の動きよりも、ＰＳＷが何に着目し、どう考察したか、その根拠は何かを詳述します。

⑥　テーマに関する考察

レポート作成のプロセスにおいても実践を省察することができ、発見や気づきを得ることがあり、レポートの作成段階からスーパービジョンは始まっているともいえます。スーパーバイザーに語りたい内容も丁寧に考察して記述しておきます。

⑦　倫理的配慮事項（利用者への説明と同意）

スーパービジョンに限らず、ＰＳＷとしての支援をレポートに記載して職場外へ持ち出す際には、専門職としての倫理上、利用者本人にそのことを説明し同意を得なければなりません。目的や方法とともに利用者の不利益が生じないことを説明し、拒否できることも保障するとともに、こうした手順を踏んでいることをレポートに明記します。

4　おわりに

ソーシャルワーカーは、多様な人々との関係性を構築し、人や環境、社会に働きかける仕事です。そこではＰＳＷとしての知識、技術、価値が道具となりますが、なかでも特に重要な価値が揺らいだり自信を喪失することが時にはあるかもしれません。そんな時こそスーパービジョンが助けになります。スーパービジョンは、スーパーバイジーとスーパーバイザーとのかかわりをとおして、ＰＳＷの専門性という道具を磨き、ＰＳＷであり続けるプロセスそのものなのです。

参考文献

・助川征雄・相川章子・田村綾子『福祉の現場で役立つスーパービジョンの本』河出書房新社、二〇一二年
・田村綾子編著『精神保健福祉士の実践知に学ぶソーシャルワーク2ソーシャルワークシリーズ2ソーシャルワークの面接技術と記録の思考過程』中央法規出版、二〇一七年

PSWからのメッセージ⑦

スタートは少しの興味から

私は大学生時の精神科病院での看護助手アルバイトを契機に、少しの興味心からこのフィールドに入り、精神保健福祉士として働き始めてちょうど二〇年になります。そして、この先も続けていくつもりです。

精神保健福祉士を続けてきた背景にはいろいろあると思いますが、私は「当事者たちの変化」が魅力であり、そこにかかわり続けているのだと思います。約二〇年間続けてきて、自身のかかわりが当事者の良い変化につながったことはそんなに多くはない気もしますし、寧《むし》ろ当事者が自身の力で良い変化を生み出していく方が多かったと思います。しかしながら、自身のかかわりが当事者の少しの変化につながったときに自分のことのように嬉しく思う時、ご自身の力で変化につないでいく瞬間に立ち会えた時、どちらも何事にも代え難い瞬間にです。過去に一〇年ほどひきこもられた二〇代半ばの男性にかかわりをもち、二年後に高校卒業の資格を得て、自動車免許も取得、一般就労された後に挨拶に来られたことがありました。支援開始当初は傾聴しながらも、時にぶつかりながら支援をし、彼が就職したときにわがことのように喜んだのを覚えています。

今この本を手に取られている方も、「人にかかわる仕事がしたい。」と思われている方もいれば、「どんな仕事なんだろう。」と思い読まれている方もいると思います。最初は少しの興味からでもよいと思います。いずれ皆さんが精神保健福祉士となり、我々と一緒に変化の瞬間に立ち会う日が来るのを楽しみに待っています。そして、皆さんのこれまでの経験を活かしながら、我々のフィールドに新たな風を吹き込んでください。

河野　康政（明石市役所障害福祉課：兵庫）

精神・発達障害のある人⑤

与えられた現況に抗わない生き方

私は、学生時代に建築の構造設計家をめざし、大手メーカーに入職しました。それまで大きな挫折をしたことがなかった私は、そこで人生の大きな壁にぶち当たることとなりました。すなわち、入職二年目での統合失調症の発症でした。

これ以上にない程の人生の逆境に置かれた私が、約一〇年の苦節を経て出会ったのが、社会的入院をしている人の地域移行支援（退院促進）をするピアサポーター（地域移行推進員）でした。精神疾患を患った私は、当初、そのことから逃れたいという気持ちが大きかったのですが、次第に、それを受け入れ、それを強みにした活動をしていきたいと考えるようになりました。つまり、精神に障害がないとできない活動として、ピアサポート活動が合致したのです。

ピアサポーターを五年程していたある日、ピアサポート活動でお世話になっていた健康福祉事務所（保健所）の所長から、精神保健福祉士の資格を取ってみないかといわれ、ピアサポーターの資格化をめざして活動していた私は、少し抵抗感がありましたが、取得することができました。同じ年に、精神障がい者ピアサポート専門員（認定資格）も取得しました。

現在、精神保健福祉士の資格を生かしピアスタッフとして自立訓練（生活訓練）の生活支援員をしています。私のような当事者性のある精神保健福祉士が支援に加わり、一般の精神保健福祉士と協働していくなかで、より利用者（当事者）の感性に寄り添い、リカバリー志向のかかわりができるようになっていくのではないかと考えています。今後、精神障害当事者によるピアサポート専門員の資格化及び制度化し、さらに質の高い本人本位の支援と当事者の希望へとつなげたいと考えています。柳　尚孝（森の木ファーム：兵庫）

精神・発達障害のある人の家族⑤

PSWに助けられて

長男は現在五〇歳、一九歳の時発病し、二五歳のころ精神分裂病（現在の統合失調症）と診断されました。

居住地から離れた大阪市内の診療所へ、親子で通院を続けました。医者は毎回三〇分ほど診察し、薬を処方してくれましたが、年金をかけていた方がいいよというのが社会資源に関する唯一の助言でした。

約五年後、妻はデイケアがある病院を探して、精神科病院に移りました。その病院にはデイケアがあるだけでなく、PSW（精神保健福祉士）が数名いて、初日には、通院医療費に助成があることを教えてくれました。その後、障害年金の受給についても助言してもらい、受けることができました。もともとスポーツが好きなので、PSWの助言でソフトバレーボールを始め、全国大会にも出場するまでになりました。

PSWは、病気理解のための心理教育に取り組んでおり、長男は自分の病気を受け入れて薬の管理は自分でやり、一人暮らしを希望するまでになりました。アパート探しについてもPSWの支援で、本人が希望するアパートへ入ることができました。このようなPSWの集団が身近にあることは、本人の一人暮らしに安心感を与え、一五年ほど続いています。最近では、生活保護の申請について支援をお願いしたところ「自分でやりなさい」といわれ、最初だけは父親が市役所へ同行しましたが、その後は自分で出かけて申請し受給できるようになりました。これらのことは、家族がいかに頑張っても達成できるものではありません。身近なPSWの助けのおかげです。長男の三〇年間にわたる回復の道のりにおける最大級の支援だったと思っています。

倉町　公之（明星会家族会・大阪府精神障害者家族会連合会会長：大阪）

第六章　社会人である私がソーシャルワークを学ぶ意味

社会保険労務士の私がソーシャルワークを学ぶ意味

寺島　徹（ヘルスクリエイト）

1　社労士としての私

私が社会保険労務士の仕事を始めたのは二〇一二年のことです。社労士（社会保険労務士の略称です）はPSWと同様国家資格ですが、あまり一般に馴染みのない資格かと思います。どのような仕事をしているのかというと、契約先の中心は中小企業です。就業規則の整備や労働・社会保険の手続代行などクライエント企業の労務管理を行っています。昨今は年金の専門家として老齢年金や障害年金等の相談業務を専門に行っている社労士もいます。会社と従業員間のトラブルも増加傾向にあり人事部門に携わっている方は社労士と聞いてピンとくる場合も多いかも知れません。

社労士が国家資格者として担っている社会保障制度ですが、法的根拠を探ると社会権に辿り着きます。その社会権をインターネットで調べると「社会のなかで人間が人間らしく生きるための権利」とあります。ところが日常業務を行っていくなかで、社会権に関わっている実感をもつことはほとんどないのが現実でした。クライエント先を訪問すると「先生」と呼んでいただくこともあります。社会権を担う専門職として、このままでよいのか？　私は疑問を感じるようになりました。そして「人間らしく生きるための権利」について考えるようになりました。何か自分にできることはないか？

社労士開業から三年後の二〇一五年、私は有志と共に「一般社団法人社労士成年後見センター長野」という団体を設立しました。この団体は私の地元長野県在住の社労士が集まり、成年後見人等として判断能力が衰えた方々を支援することを目的とした組織です。活動の主眼は社会貢献であり営利ではありません。三三名の会員でスタートしました。

2　PSWとの出会い

社労士成年後見センター長野では会員の能力担保を目的として、二種類の研修の受講を義務付けています。入会前の養成研修と年一回の更新研修です。私は研修担当者の立場から毎回講師の選定・依頼に携わっています。弁護士、司法書士等成年後見制度を取り巻く多くの専門職と面識ができました。そのなかでPSWに講義を担当していただく機会があり、その時はじめて福祉の専門職と交流をもちました。

私のPSWに対する第一印象は「エネルギーの質が違う」でした。言葉で表現することが難しいのですが、社労士を含む法律関係の専門職とははっきり雰囲気が異なっていることがとても印象的でした。講義のテーマは「精神障害・知的障害の知識」でした。疾病の解説もありましたが、当事者の悩みや必要としていること、社労士に期待する役割や支援者の仲間として加わって欲しい気持ちが講義のなかで語られました。いま振り返ってみると当事者を生活者の視点から支援するＰＳＷならではのメッセージです。その後も成年後見制度を通じてＰＳＷとの交流は続き、次第に私のなかでＰＳＷの存在と「人間らしく生きるための権利」がリンクしていきました。

3　学びの期間

私は資格者としてのＰＳＷに魅力を感じ、自分がＰＳＷとして活動する姿をイメージするレベルにまで高まっていきました。元来社会権に対する思いは自分の内面から湧き上がってくる感覚で、ソーシャルワークの学びに取り組むことも必然だったように思います。二〇一六年四月、社労士の仕事を継続しながら学生生活をスタートさせました。二年後の資格取得が目標です。

仕事の調整には工夫が必要でしたが、学習には予想していたよりもスムーズに入っていけました。昨今は大学の講義をインターネットを利用して受講できるということも社会人学生にとっては画期的です。カリキュラムをみても、社会人として実生活を経験しているからこそ本当の理解に到達できる内容が多いです。自分自身、日々生活者としての実践を繰り返しています。その経験がソーシャルワークへの学びを深めるように感じました。学びのプロセスは、自己覚知のプロセスでした。インターネットによる受講、スクーリングの際のワーク、医療・施設での実習。どの場面でも自分と向かい合うことが求められました。そして気づかされたことがあります。「ソーシャルワーカーとの違い。自分は身体を張っていないんだ」。

4 価値の体現

学生時代、私のクラスをご担当くださった先生の今も大切にしている言葉があります。

「私たちPSWの活動は、私たち自身を使って行う活動です」

「自身のなかに価値や倫理が涵養《かんよう》されていることが求められます」

「価値を体現化していく存在としてのPSWをめざしてくださいね」

実習先の施設や医療機関で活動するPSWの姿勢は、正に当事者と身体で向かい合うものでした。当事者理解へのスタンスは言葉などの頭によるものだけでなく、存在そのものを身体を使って理解しようとしているように感じました。成年後見制度でも当事者支援には他職種の協働が欠かせません。弁護士には弁護士の、社労士には社労士の、それぞれの役割がありかかわり方があります。法律関係の専門職がマネジメント中心の外からかかわる支援スタイルだとすると、PSWや社会福祉士といったソーシャルワーカーの支援スタイルは、自身がプレイヤーとして内に入って行う取り組みのように感じます。P

SWと出会ったときに他職種との「エネルギーの質の違い」を感じた理由は、ここにあるのだといま理解しています。そして私が人生を歩んでいくなかで、理論や知識といった頭だけのかかわりでは納得できない自分がいることを理解できたことは、学生時代最大の収穫です。

5　ソーシャルワークアイデンティティ

二〇一八年、念願だったPSWの資格を取得し活動を開始しました。PSWとしての活動の中心は二〇一五年から法制化されたストレスチェック制度の実施者として、クライエント先従業員を対象にメンタルヘルス施策を展開することです。この制度の目的は二つあります。一つ目は従業員自身が自分の心の疲れを把握してセルフケアに役立てること、もう一つは会社全体や部署ごとのストレス傾向を把握して職場環境改善に役立てることとです。心理検査にかかわることからメンタルヘルスに対する専門知識の要請があり、制度運用の統括者である実施者に着任できるのは労働安全衛生法上いくつかの資格者に限定されています。医師、保健師、看護師といった医療職に加え、福祉職である精神保健福祉士も実施者に着任することが認められています。

私が意識していて、かつやりがいを感じているのは「ソーシャルワーカーとしてストレスチェック制度を運用すること」です。検査を適正に実施することはもちろん大切なのですが、重要なのは実施後のフォローアップです。ストレスが高めの判定の方には面談を行い、本人の意向によっては医療への橋渡しをします。検査で部署のストレス傾向がわかるといっても、それは機械的な判定です。従業員へのヒアリングを行い、部署が抱える悩みや課題を把握します。ストレス傾向の具体的中身を職場全体で共有して、より働きやすい職場づくりを進めます。PSW実施者として働く方々のその人らしく生きる権利を支援し、身体を使った活動を展開してフォローを継続していくことが、ストレスチェック制度の価値を高めるカギになると感じています。

社労士成年後見センター長野の活動も継続しています。なかなか受任に結び付かず支援を実践できない期間が長かったのですが、後見や保佐といったケースの受任も少しずつですが出てきました（二〇一九年八月現在）。会員の社労士間で受任したケースを検討し、より広範な活動の機会を得られるよう準備しています。

前回の成年後見人養成研修では私が学生時代実習でお世話になった施設のPSWを講師としてお招きしました。当事者を理解することの大切さについて、成年後見の制度趣旨を交えながらご講義いただきました。そしてゲストとして施設を利用する当事者にもお越しいただきました。発症に至るまでの経験、現在の生きがい等を語ってくださいました。私が「いいな」と感じた瞬間は休憩時間です。受講生の社労士とゲストの当事者とで、お菓子を食べながらバイクの話を楽しそうにしていました。

学生時代のクラスメイトとの関係は現在も続いています。SNSを通じた交流のなかで「ソーシャルワークアイデンティティ」という言葉を知りました。どんな場所であっても良い。ソーシャルワーカーとしてのアイデンティティをもって社会に貢献することが私たちの使命なのだという意味です。精神保健及び精神障害者福祉に関する法律（精神保健福祉法）第一条にこうあります。

「……国民の精神的健康の保持及び増進に努めることによって、精神障害者の福祉の増進及び国民の精神保健の向上を図ることを目的とする」

ＰＳＷの支援すべき対象はすべての人々です。皆がその人らしく生きることを支援するプロフェッショナルがＰＳＷなのだと私は理解しています。ソーシャルワークの学びは私の活動範囲を無限にするだけでなく、生きる意味をもたらせてくれました。

看護師の私がソーシャルワークを学ぶ意味

林　果奈（宮本病院）

1　はじめに

「林さんって、私たち精神の病気とか障害のある人のことってどう思ってみてるんですか？」精神保健福祉士七年目ごろ、訪問先で尋ねられました。そういったことが気になるのかと改めて気づかせていただき、また、聞いてくださったことは嬉しく、「ん？　別に病気とか障害とかじゃなくて、まずは一人ひとりの○○さんって人、かな。誰でも病気とか得意じゃないこととかありますやん。そんな感じかなぁと思っています。」と答えました。すると、「そんなふうに感じます。私は嬉しいです。」と話されました。この時、私の精神保健福祉士としてのふるまいを再確認できたことを覚えています。

大阪で三姉妹の次女として生まれ育った私。幼い頃はひょうきんな一面もありましたが、口数が少なく引っ込み思案で、コミュニケーションが大切な仕事とは程遠いような子どもでした。高校生時代には多様な考え方に出会い、「喜ぶ人とともに喜び、泣く人とともに泣きなさい」を大切にし、行動するようになります。また、阪神・淡路大震災で身近な悲しみを前に何もできない悔しさや無力感を覚え、〝今できることは今しかできない、後悔はしたくない〟という考えももつようになりました。

2　充実感とやりきれなさのなかで

念願の看護師となり、大学病院で働き始めました。配属された病棟では、化学療法や骨髄移植等、本人やご家族の心身に負担がかかる治療を受ける方がほとんどでした。同じ病棟の医師や看護師と一緒に必死に勉強し、看護してきました。しかし、時に、精神的なしんどさゆえ治療が困難な方、また、頑張って治したい気持ちと生きがいや楽しみやご家族との時間を大切にしたい気持ちの狭間で揺れる姿も目の当たりにしてきました。その人らしい生活って何なのか……？

その後、緩和ケア病棟で働く機会を得ました。身体だけでなく精神面、家庭や職場などでの役割変化に対する苦痛や悩みを感じられる方もおられます。苦痛が緩和され、仕事を整理する時間を過ごされた方、お子様の結婚式に出席できた方、最期に大切なご家族と一緒に大好きな抹茶プリンを食べられた方、さまざまな暮らしがありました。しかし時には、ご自身が生きてきた意味を見出せず苦悩される方、長年精神科病院に入院されご家族と疎遠になったまま緩和ケア病棟にこられた方もおられました。人にはそのひとときだけでは変えようのない歴史があるのです。

そうしてふと我に返った時、私自身が何を大切に生きたいのかを二の次にしてきたと気づき、走ってきた約八年半の看護師人生にいったん休止符を打ちました。

3　運命的な出会い

緩和ケア病棟での勤務を終えた翌日、新潟県中越沖地震が発生しました。阪神・淡路大震災以降、ボランティア活動やボランティアコーディネーションを実践していた私には、このタイミングが偶然とは思えず、新潟県に向かいました。社会福祉協議会の職員との出会いにより、その後、生活支援相談員の看護班として働くことになります。

生活支援相談員は、応急仮設住宅に入居されている方の生活再建を支援する仕事です。看護班は主に、病気や障害があるなど、生活に困難を抱えやすい方を訪問し、相談に応じておりました。

そんなある時、かかわっていた方からこう言葉をかけられました。

「来週、就職するから○○県に行くよ。またね。」

精神障害があり仮設住宅にこもられる時期が続いた一人暮らしの方でしたが、ようやく他の住民さんとも仲良く楽しそうに暮らせるようになられたと感じた時でした。電車で何時間も離れた地域に行くと聞き私は〝せっかく調子が良くなってきたのに、大丈夫かな、またしんどくならないかな、見知らぬ地域に行ってしまったら誰からも助けられないかもしれないのに〟と不安になりました。でも、どう声をかけて良いのかもわからず、本人が利用していた施設の精神保健福祉士に相談しました。

「大丈夫、本人が必要と思ったら帰ってくるから。今まで通りで待っていてあげて。」

その言葉に驚きました。本当に大丈夫なのかと頭にはてなマークを浮かべていました。そして、一週間も経たないある日、

「こんにちは。」以前と同じ笑顔のあの方の姿が。

〝ええ仕事やなぁ〟。いかに自分の価値観で相手に接していたかを思い知りました。

4　発想の転換と覚悟

精神保健福祉士になって看護や医療との懸け橋になりたいと思い、日本福祉大学通信教育部に三年次編入しました。もちろん、卒業後は精神保健福祉士として働きたいと思っていましたが、学生生活をしながら看護師を続け、その魅力ややりがいを感じ、看護の勉強も続けていました。贅沢にも両方の力を身につけたいと思っていたのです。

大学の勉強を進めると、働く人のメンタルヘルスや災害現場、その他さまざまな活躍の場があると知り、興味は広がりました。精神保健福祉士として看護の経験を活かせる場はどこか、どうすると叶うのかと考えていました。入学した年の夏、青木先生のスクーリング授業を受講し、消極的だったはずの私が思い切って相談しました。

「林さん、看護師の自分をいったん横に置いてみてはいかがですか?」

思いがけない一言でした。看護師人生は私にとって大切な歩みであり、これを抜きには私の人生を語れないくらいのものです。それを横に置くとは……?

「生きづらさの荷物をおろす」「伴走する」「本人の思い? ご家族の思い? 周囲の人の思い?」私には新鮮な視点をたくさん得ました。そうです、いかに私の常識や人生観や価値観、看護の常識や価値観などに基づいてさまざまな方とかかわっていたかと気づきました。それはおごりだったのではないか、と。

5　ソーシャルワークの歩みがくれたもの

精神保健福祉士となり、地域活動支援センター、相談支援事業所、そして現在は精神科病院で働かせていただいています。

看護師とは違い、これが精神保健福祉士の仕事といえる『業務独占』はありません。「精神保健福祉士って何してくれるん？」何度も尋ねられた言葉。「えっと、気持ちとか生活のご様子、そしてこれからの生活をどんなふうに過ごしたいかとかをお伺いしたり、利用できる制度やサービスなどの情報をご説明させてもらって、状況に応じて利用のサポートなどをさせていただいて、安心して生活できるよう一緒に考えさせていただきます。」「医療費のこととか相談に乗ってくれるんですか？」「施設探してもらえるんですか？」うーん、それもこれも間違いじゃない。でも、いまだにうまく伝えられません。
まずは、安心して話せると思ってもらえるように日々奮闘中です。病気の視点ではなく、どのような人生を歩み、夢や希望をもち、そのなかでどんな生きづらさを感じている方なのかに耳を傾けます。本人の輝きを見出し、表情が豊かになられた時や夢に一歩ずつでも近づかれた時などは、共に歩んだ過程を思い、共に喜び、ほっこりします。ただ、時には本人の感情に巻き込まれてしまったり、悲しい出来事があり、悩み、迷い、いったん立ち止まることもあります。同僚や他の支援者にもよく相談します。正解を求めるのではなくじっくりと過程を大切にするかかわりは、私の性に合っていると感じます。

ただ、看護を忘れたわけではありません。病院で働き始める時は、看護の視点でかかわってしまわないかと不安でした。現在は、看護の視点や大変さが理解できるからこそ精神保健福祉士に求められる視点や役割を意識しやすいのではないかと思っています。また、医療福祉相談室の仲間には、病気の知識や生活への影響をすぐに聞けるといっていただき、私の歩みが私の強みとして活かせる喜びを感じています。「私をいったん横に置く」とは、自分の価値観や考え方を知ること、そして自覚して相手や対象のものの価値観を知り尊重しようとすることではないかと今の私は考えます。

今、私は幸せです。これまで、災害や悲しみを抱えた方と接するなかで、私が幸せになることに対し罪悪感がありました。「看護師の方が給料良いのに」「資格があるのに何でまた勉強するん？」何度もいわれました。しかし、ソーシャルワークを学び、一人ひとりの生きづらさは社会の影響を受けていると知りました。その視点で個人とかかわると、どのような生き方も否定すべきものでなく、歩みに貴さをも感じます。このように互いを理解し合い、安心して話し合える仲間や職場、かけがえのない家族とめぐり会え、共に過ごせ、感謝しています。

最後に、私にとってこの仕事の魅力は、出会い、です。彩豊かな輝きを信じ、これからも謙虚に誠実に歩みたいと思っています。

体験者の私がソーシャルワークを学ぶ意味

市川　岳仁（三重ダルク）

1　薬物依存

小学校ずっと優等生だった私が、中学一年の春、突然パニック発作に見舞われたのをきっかけに、精神科の通院と向精神薬の服用が始まり、その薬物依存になりました。二五歳でダルクと出会い、薬物のない生活が始まるまで、たくさんの問題を経験しました。中学では教室にいづらくなって保健室で過ごすことが多くなり、高校では問題行動が頻発。成人して社会に出てからも、人が苦手で転職を繰り返し、最終的には、薬物だけでなく、セックスやパチンコにも問題を抱えるようになりました。パニック発作の治療のためだった病院通いも、もはや何のためだかわからず、薬の種類と量が増え、病名もどんどん増えていきました。

2　ダルクとの出会い

いろいろ行きづまっているところに家族がダルクを見つけてきました。家族の強いススメでダルクの講演会に参加したのですが、これが大きな転機となりました。ダルクの代表者をはじめ、講演で話した人たちの経験談が自分とそっくりだったのです。この人たちは自分と同じ人種だと、直感的に理解できました。彼らは一様に、自分のことを「薬物依存者」だと言っていました。それで腑に落ちました。私も薬物依存に陥っていたのです。こうして自分のことを理解してくれそうな人たちに出会った私は、誰に促されるでもなく、その日からダルクへ通うようになりました。講演のあと、勇気を振り絞って「僕もダルクへ行くかもしれません！」と言った私に、ちらっと一瞥《いちべつ》しただけで「ふん、そうね。」といって立ち去った代表の対応も良かったのかもしれません。「待っているよ！　一緒に頑張ろう！　薬物をやめよう！」などと言われていたら、私はダルクに行くことはできなかったでしょうから。薬物をやめる自信も、物事を続けられる自信もなかった私は、叱咤激励されると、逃げてしまったでしょう。このあたり、経験者というのはとても優れた理解者であり、援助者であると感じます。

3　セルフヘルプ（自助）がどう役に立ったか

ダルクでは、同じような経験のある人がスタッフとなって支えてくれました。過去への囚われ、将来への不安、目の前の日々や人間関係の葛藤など、それらを薬物なしで過ごしていく勇気を分けてくれたのです。何より、いつも誰かが傍らに寄り添っていてくれました。それらがあって、なんとか薬物のない生活へと歩き出したのです。薬物をやめたら楽になるどころか、自分の問題がいっぺんに降りかかってきて、つらくて苦しいだけです。けれども、ダルクの人たちはいつも共感で支えてくれたのです。今から二三年前のことです。

時代背景もあって、私はその後、ダルクのスタッフになる道を選びました。私を支えてくれた仲間のように、自分も誰かを支えられるようになりたいと思ったからです。当事者であることを生かして他の依存者の回復の手助けをすることは、私自身の自尊心を育てるのに大いに役立ちました。いくつかのダルクでのスタッフ経験を経て、一九九九年に三重ダルクを立ち上げました。全国一五番目のダルクです。

4　当事者性の限界　ピアの旬

それから一〇年ほどは、この役割に満足していました。私が薬物依存の当事者であることが仲間の役に立つ。当事者だからこそできる仕事。そう感じていました。しかし、ある頃からこの状況に変化が起こりました。それは、私より新しい仲間の出現です。薬物をやめて二、三年の若いスタッフのほうが、今日来た仲間に必要とされたのです。一〇代から二〇代にかけて、うまく自己確立できなかった私が、やっと見つけた自分の役割。それが再び脅かされ始めたのです。中学一年の時に自分を見失った、あの感覚にとてもよく似た感じです。これは、私だけに起こったことではないようです。全国の同期のスタッフたちからも、同じような閉塞感が聞こえていました。

5　学びのきっかけと過程、その苦労と喜び。そして気づき

その頃、障害者自立支援法（現、障害者総合支援法）が施行され、それに伴うサービス管理責任者（サビ管）講習を受講しました。これが楽しかった。ダルクを運営してきた私には、そこで話される内容がとてもよく理解できたのです。そして、受講最終日、とうとうサビ管の証書を手にした時、私の役割が初めて社会的に「職業」として定義された感じがしました。「回復者」は「職業」ではありません。私は嬉しくて、何度も証書を眺めました。

これに気を良くした私は、他にも何か取れる資格はないかと探したところ、精神保健福祉士養成校の受験資格があることが判明しました。すぐに申し込みました。学生とはいえ、仕事のある身ですから、通信課程です。本当に最後までやり遂げることができるか不安でした。しかし、その内容の多くは、すでにダルクで実践していることだと気づき、気が楽になると同時に、勉強がとても身近に感じられて、俄然やる気が出たのを覚えています。一〇代の頃の勉強とは全く違う感覚でした。

個人的な気づきもたくさんありました。一九八〇年代初頭がまだ精神衛生法下にあり、精神疾患を抱える人たちにとって、この問題を語ることが難しい時代であったこと。中学一年の私がパニック障害についてクラスの友達に話せなかったのは無理もなかったのです。今の時代なら、メンタルヘルスケアは当たり前のことなのに、当時は誰にも話せない本当に大きな問題だったのです。私のその後の一〇数年

が、人を避け自分を語ることなかった理由がわかりました。それは私の問題ではなかったのです。

ダルクに関しても同様です。ダルクが始まった一九八五年当時、薬物依存者が自らの手で地域の中に居場所をつくり、互いに支えあいながら回復するなんて、本当にすごいことだったのです。世間のこの問題に対する偏見もあり、それまでどこかダルクの仕事に劣等感を感じていましたが、ノーマライゼーションや障害者の自立生活運動などを学ぶことで、むしろ、誇りに思えるようにもなったのです。当事者たちが体験から得た知見（ノウハウ）は、専門知に劣らず、ひじょうにまっとうなものだったのです。

6　ワーカーとしての実践　当事者から援助者へ

しかし、ソーシャルワークを学んで一番大きな変化は、経験知だけに頼らずに済むようになったことでしょう。それがいちばん顕著に現れたのは知的障害をもつ仲間とのかかわりです。先にも書いたとおり、ダルクでは当事者としての経験を生かして働いてきました。ある意味において、それが当時の私の限界だったといえます。しかし、同じ依存者とはいえ、一人ひとりは異なります。一つのやり方はすべての人には通用しません。私に役に立ったことは、他の人には役立たないかもしれないのです。だから、ソーシャルワーカーとしての教育を受けたことで、私が自分自身を「当事者」としてだけでなく、専門職としての「ソーシャルワーカー」と認知できたことは、とても大きなことでした。経験だけでなく、知識や技能も差し出せるようになったからです。学習で得た知識を用いて、成年後見制度の紹介や年金受給に関する相談にも乗れるようになりました。福祉事務所の人ともスムーズに連携が図れるようになりましたし、なにより、社会的な信用が得られたように思います。それらは結局、目の前にいる仲間の利益となるのです。ダルクでは、薬物という特性上、裁判などにかかわることもあるのですが、そこでの証言などの際、精神保健福祉士であることは大きな信用となります。現在、私は自分自身のことを司法ソーシャルワーカーであり、精神科領域のソーシャルワーカーであると認知しています。

7 地域における取り組み

地域における取組みとしては、東紀州地域における農園とのコラボレーションが挙げられます。知的障害や発達障害などの重複する課題をもつダルクのメンバーに、ただ一般就労や福祉施設利用を勧めるのではなく、地域と本人の関係が対等になるよう、高齢過疎の進む地域でみかん農園や養殖業との結び付けを行いました。二〇〇九年頃のことです。ダルクのメンバーたちは、それぞれのペースで働いた結果、生活保護が切れた人もいました。ただ、雇用はどうしても雇用する側の要件に合わせる必要があり、これがどうしてもしんどい人もいます。それで、今度はダルクの中に就労継続支援B型の事業所を立ち上げ、お弁当屋を始めました。野菜を中心としたヘルシーなお弁当で、地域の方々や会議のお弁当などにも重宝されています。この弁当屋には、お酒や薬物をやめたあと、社会参加への次のステップとして参加するメンバーもいますし、この事業所を切り盛りするスタッフになる人もいます。ダルクでは、彼らをただ支援の客体（利用者）にはしません。このあたりは、自助グループ出身のソーシャルワーカーである私らしい、非常にダルクらしいところかもしれません。

そして最後に、依存症ネットワーク事業について述べておきたいと思います。障害者自立支援法の公布された二〇〇五年には、三重県に対して依存症ネットワーク事業を提案しました。精神保健福祉センターとの協働で、毎年県内7ヵ所ほどを回り、その地域の関係者（保健所・病院・福祉施設・福祉事務所・警察・消防・保護司会・保護観察所など）等の関係者を集めてネットワーク会議を行っています。依存症に対しての偏見や誤解を解くために始めました。「ダメ、絶対」に代表される社会防衛的な予防教育しか受けていない援助者による依存者への忌避的な対応、受け入れの拒否をなくすためです。また、説教を含む批判的対応、過度な保護的関わりについても、参加者みんなで考えるようにしてきました。その題材を提供してきたのがダルクです。問題の解決を知るためには、その問題を解決した当事者に聞くのが一番いいと考えたからです。今から一〇数年前、医師を中心とした専門家の話は聞くが、回復者の話など聞いたことがない援助者が多いことを残念に思っていました。私は回復のエッセンスを地域社会に伝えたかった。だから、共通の理解をもてるようなネットワークを進めてきました。当事者性と専門性の架橋とでもいえるでしょうか。

8　おわりに

私は薬物依存を経験した当事者です。そして、精神保健福祉士です。今日、私は「自助」と「援助」がもつそれぞれの得意分野、苦手分野を理解しながら、日々ソーシャルワークをおこなっています。それらは結局、目の前にいる人と誠実に向き合いながら、ともに歩むということに集約されます。それは、ダルクで働くときも、地域の中で働くときも、全く矛盾するものではないのです。私は今日、当事者であること、そして、ソーシャルワーカーであることを誇りに思っています。

当事者家族の私がソーシャルワークを学ぶ意味

赤岩　綾（おふぃすあかいわ）

1　それは四〇年前に始まった

四〇年前の夏、中学一年生の私は早朝けたたましい電話の音で目を覚ましました。応対する父の必死な様子が滑稽《こっけい》で笑っていると、母に身ぶりで叱られました。その時の私はことの重大性に気づいていなかったのです。兄が前日から帰らず、警察署から保護したという電話が入ったのでした。そして、その後四〇年たっても、その「こと」が終わっていないなど、一三歳の私は思ってもみませんでした。

兄が統合失調症を発症してから長い年月が経過しました。あの夏からしばらくは嵐のような日々が続き、中学生だった私は何が起きているのかわからず、両親も青天の霹靂《へきれき》だったのでしょう、父が「あの子があんなふうになったんは、そっちの家系のせいやな」といえば、母も「何ゆうたはんの、お父ちゃんの方にもけっこう変わった人いはるやん」と不毛な言い争いを繰り返すようになりました。家に帰るのが嫌で仕方がなかったことを思い出します。その後もいろいろな事件が起きましたが、ちょっとここには書ききれません。何せ四〇年ですから。

四〇年のうち三五年間、私がずっと信じていたことがあります。それは「兄の将来の道筋は両親がつけてくれるはず」ということ。兄は通院こそしていましたが、福祉サービスにつながるわけでもなく、両親は情報収集をするわけでもなく、また、家族会につながることもなく、ただ日々は過ぎていきました。

母が亡くなったのは兄の発症から三〇年たったころ。母が力尽きて落としたバトンを、それまで母に任せっきりだった父が拾い、兄の面倒をみるようになりました。しかし、ほどなく高齢の父への介護も必要になりました。それが三五年目。「バトン渡すからよろしく」の一言もなく、気づいたらバトンをもって立ち尽くす私。二〇代から四〇代、漠然とした不安を抱えながらもずっと親を信じていた私は、やはり納得できませんでした。こうなる前になぜ何もできなかったのだろう。一人暮らしの兄を訪ね、掃除洗濯をしながら、両親を許せない気持ちでいっぱいになりました。

2　きょうだいのために

私のような人を減らしたい。その思いから、私は精神疾患がある人の兄弟姉妹（以下、きょうだい）のための会（以下、きょうだい会）を立ち上げました。両親を許せない気持ち、なぜ私がという納得いかない気持ちを昇華させるかのように。きょうだいの役に立つことができたら、私の経験も意味あるものになるかもしれない、そう思うことで私のネガティブな感情は少しずつ払拭《ふっしょく》されていきました。「リカバリー」という言葉を知ったのもこの時期だったように思います。そしてそれは精神疾患がある本人だけのものではなく、私たち家族にとっても必要なことです。

私は長い年月、兄の症状や状態にとらわれていました。精神障害者の妹という事実は重荷でした。しかし、きょうだい会立ち上げから、精神保健福祉士を受験する過程のなかで、その事実がもつ意味は徐々に変わっていきました。つらいことも多かったけど、貴重な体験でもあったのだと。

3　きょうだいとしての自分に直面

きょうだい会を運営するなかで、精神保健福祉に関する制度やサービスについても、相談を受けるようになり、より専門的な知識を得たいと思った私は、日本福祉大学福祉経営学部（通信教育）に編入学しました。そして、「どうせなら」と精神保健福祉士資格の取得もめざそうと決めました。後述するように精神保健福祉とはあまり縁のない仕事をしていたので、五〇歳にして初めて学ぶことも多く、とても新鮮でした。また、年齢や職業、志の違うクラスメイトと出会ったことも、精神保健福祉士試験本番までの励みとなりました。もちろん、今もつながっています。そして、地域の施設で一六日間、精神科病院で一二日間の実習もさせていただきました。それまで精神疾患がある人には兄以外ほとんど出会ったことがなかったので、自分の心がどのように反応するのかも興味がありました。

精神疾患等がある方の状況は、それぞれに違います。前述のとおり、私の兄は福祉サービスにほとんどつながっていなかったので、家にいる時間が長かったし、話し相手も母だけでした。そのため、地域の施設での実習では、利用者のみなさんが施設に通って来られるだけで「すごい」と感心しました。言い方は悪いかもしれませんが、兄よりは数段上のレベルにいらっしゃる、そういうふうに感じました。したがって、それ以上に兄と比較することもありませんでした。後の精神科病院と違って、家族と接することがほとんどなかったこともきょうだいとしての自分を意識させなかった理由かもしれません。

次の精神科病院での実習では、入院や退院といった場面で利用者の家族と出会うことが多くなります。「利用者本位で」、「自己決定を支援する」と頭では理解してはいるものの、たとえば本人の退院に二の足を踏む家族がいた場合、私の心は「家族」の気持ち寄りになっていました。「医師も精神保健福祉士も二四時間一緒にいてくれるわけではない。家族がどれだけ大変か……」と、まさに大変だったころのわが家が思い出されました。フラットな気持ちで実習に臨もうと思っていた私でしたが、きょうだいとしてのスイッチが自動的に押されたような、そんな自分に戸惑いました。

4　無理に気持ちを変えなくてもよい

精神保健福祉士になるためには、私のきょうだいとしての経験が邪魔をするのではないか、どうしても家族寄りになってしまう自分はだめなのではないか、家族という立場をできるだけ忘れるようにしたいと、実習日誌に書きました。実習指導者のコメントは次のようなものでした。

「家族へ視点が行くのは当然のことで、家族の苦しみを理解したうえで本人をどう支援するかを思考しましょう。無理に気持ちを変えようと思わなくてもよいです。」

そして、「家族寄りになってしまう」という私の気づきは、「家族も一人の支援されるべき存在である」ことを意味していると書いていただきました。

思い返せばこの四〇年、私も、そして両親のことも「支援されるべき存在」だと思ったことはありませんでした。支援者と出会っていれば、何か変わっていたのでしょうか。今となってはわかりません。ただ、いえることは四〇年前も、そして現在も、日本では「家族がなんとかする」のが当たり前という風潮があるということです。障害のある本人の親が亡くなった後、きょうだいに親の役割を求める支援者や、きょうだいに本人の支援をお願いするにはどうすればよいかと考える支援者は少なからず存在するのではないでしょうか。私自身も私の両親が兄のことを何とかするべきだと考えていました。でも、今では両親にも支援が必要だったのだと思います。

5　家族の私がソーシャルワークを学ぶ意味

家族（きょうだい）であるがゆえに、家族へ視点が向かいがちであるという弱みはありますが、家族としての経験は同じ立場の方の気持ちを理解するうえで私の強みでもあると思っています。反面、同じ統合失調症患者さんのきょうだいでも、それぞれに立場や環境が違い、感じていることや悩みも違うという意識はもっていないといけないと思っています。そして、本人と家族の間に当然つながりはありますが、それぞれ別個に支援すべき存在であることを、私はソーシャルワークを学ぶなかでより理解できるようになった気がします。

ソーシャルワークの専門性は知識と技術、そして価値から構成されます。専門職と呼ぶためには知識と技術が必要であることは容易に理解できますが、価値という概念は私にとって抽象的で理解に苦労しました。具体的には第二章に説明があるので割愛しますが、ブトゥリム（Butrym, Z. T.）が述べた価値前提の一つである人間尊重、すなわち、人はどのような状態であっても、ただ人であるだけで尊重されるという考え方が腑に落ちました。精神疾患がある本人も人、家族も人、ただ「そこに存在する別々の人である」ことをまず心に留めるところから始まるのだと思います。

疾患や障害に対する差別や偏見がこの世にあることは事実です。差別をする側は疾患や障害を自分とは関係のない世界のことと考えているのかもしれません。疾患や障害がないことはたまたまであることに気づいていないのでしょう。私は統合失調症の兄を含め三人きょうだいですが、三人のなかで兄だけが統合失調症になったのは兄が何か悪いことをしたわけではなく、同じきょうだいのなかで私が病気にならなかったのは、私が徳を積んだからでもないのです。ソーシャルワークを学ぶことで、そのことにようやく気づくことができました。そのことに気づいたので、もう後戻りはできないという感じでしょうか。スタートは「きょうだいのために」でしたが、いつの間にか、精神疾患がある本人や家族それぞれの支援をしたいと考えていました。

6　公認会計士・税理士・精神保健福祉士として

おかげさまで精神保健福祉士試験に合格し、現在は三つの資格を名刺に載せています。開業精神保健福祉士のフットワークの軽さを生かして、アウトリーチでの相談支援に乗り出しています。きょうだいとしての経験を胸に秘めつつ、精神保健福祉サービスから親亡き後の資金面の相談や税金の相談等をワンストップでお受けできるのではないかと考えています。

公認会計士の独占業務である「監査」は英語で〝Audit〟ですが、Audio（オーディオ）と同じ語源で「聴くこと」から派生しています。話を聴き、クライエントを理解する、ソーシャルワークとの共通点。ソーシャルワークの実践は、公認会計士や税理士の業務にも良い影響がありそうです。それぞれの資格に研修等の集まりがありますが、どちらの場でも「私は公認会計士です」「私は精神保健福祉士です」と積極的に言おうと決めています。それが業界の橋渡しの一歩となり、精神保健福祉の普及啓発活動になると思っているからです。

医療ソーシャルワーカーの私がさらにソーシャルワークを学ぶ意味

河野　裕子（医療法人　匠光会）

私にとって、これまでの人生で大きな節目となった出来事が幾つかあります。

とりわけ、自らの意志で道を切り開いたと思えることが二つ。一つが社会福祉士の資格取得、そして後に精神保健福祉士を目指したこと。双方の共通点である「ソーシャルワーク」を学び続けることが、私自身をより豊かにしてくれていると今、振り返ることができます。

1　ソーシャルワーカーと名乗れなかった頃

私の勤務先である医療法人匠光会は、外来診療と共に、機能強化型在宅療養支援診療所として、二四時間体制の訪問診療も積極的におこなっています。医療処置が多い状態でも安心して在宅療養ができるように、訪問看護ステーションと小規模多機能型居宅介護も併設し、地域の方々が安心して過ごせるための体制を整えています。

当院では在宅患者の約六割が癌のターミナル期であり、医療依存度が高い方も積極的にお受けしています。既往歴として認知症・鬱《うつ》病等を併病している方も決して少なくはありません。精神科は有していませんが、障害を抱え生活されている方とのかかわりは比較的日常的にある職場環境です。

私は、医療福祉相談室に所属する社会福祉士（以下、医療ソーシャルワーカー）として現在八年目になります。相談援助職として専任できることに責任とやりがいを感じ充実した日々を送っています。ですが、入職して数年は、ソーシャルワーカーと名乗る自分に恥ずかしく感じるほど自信がもてず、唯一の福祉専門職として、どのような役割を担うことができるのかを模索し迷うことばかりの日々でした。その頃の自分を省みると、そんな私に大切なことを教えてくれたAさんの姿が思い出されます。

2　出会い

Aさんは独居の方でした。病院が嫌いで、自覚症状があったが長く未受診のまま。隣町に住む娘さんから訪問診療の依頼をいただいた時は、すでに余命数ヵ月、呼吸苦でトイレまでの移動がやっとの状態でした。そして家の中はかなり乱雑しており、浴室も使用できず清潔を保持することが難しい程でした。私はAさんに療養についての希望を伺ってみたところ、「残された時間はできるだけ誰の世話にもなりたくない、このまま逝きたい、診察も最低限で良い」と、はっきりと仰いました。それでも私は、制度やサービスを利用することで療養環境が整えば、QOLはもっとよくなるはずだと何度か提案してみたが、「必要ないよ」とAさんの応えは一貫していました。

それから何度かAさんと他愛のない話をする機会をいただき、Aさんのこれまでの人生について伺うなど、短い時間ながらもAさんの人となりを知るにつれて、「このままで良いというのが、Aさんにとって意味のあることであり、その気持ちをいつも真正面から意志表示してくれていたのだ」、という私なりの気づきが目の前にストンと降りてきたような瞬間がありました。Aさんが大切にされていることを横に置いて、問題解決に焦点を当てることにとらわれ過ぎ、アクションを起こすことこそが支援だと思いこんでいた自分が見えてきて、どうしてもっとAさんの想いに添うことができなかったのかと申し訳ない気持ちでいっぱいになりました。

Aさんは旅立たれる数日前に、そんな未熟な私にも「いろいろ有難う」と、言葉を残してくれました。どんなに背伸びしても、私にできることはその時々で限りがある。大切なのは、今できることをできる限り、そしてその方の生き方に誠意を込めて向きあうこと。ソーシャルワーカーとして心から自信をもつことなんてきっとこの先もない。だからこそ少しでも本物のソーシャルワーカーに近づけるように日々切磋琢磨《せっさたくま》しなければならない。そんな大切なことを教えてくれたAさんを、心から感謝してやみません。

3　精神保健福祉士をめざしたい

前述したように、当院の訪問診療を希望される方の約半数以上が癌に罹患されています。外来でも癌と向き合い生活されている方々も多く、医療福祉相談室ではさまざまな相談を受けています。

癌はわが国の死亡原因の一位であり、二人にひとりが生涯で罹患し、三人にひとりが癌で亡くなっています。一方、近年では五年生存率は約五〇％以上にまで向上しており、治療後も定期的なフォローアップを受け癌と向きあい生活している方も増えています。

医療ソーシャルワーカーは医療職ではありません。しかし、患者家族から相談を受けるために診療情報提供書を把握するための知識や、必要時には問診、治療や投薬についての相談を受けて医師に繋げることもあります。それらすべては必須な知識ではないかもしれませんが、私は目の間にいる方の状況をできるだけ適切に把握し理解したいと思っています。そのため認定がん相談員の資格取得、医療者向けの院内カンファレンス、各種学会や研修などで学ぶよう努めていました。しかし、患者や家族が経験する心の状態、不安や落ち込みにはどのように応えることができるのか日々難しく感じています。

外来患者のBさん。癌の術後経過は良好で、大学病院の主治医からは半年毎の経過観察で大丈夫といわれたそうです。しかしBさんは徐々に再発の不安が募るようになり、不眠や集中力の低下などの身体症状が現れるようになりました。当院には近所のかかりつけとして受診され、その際に医療福祉相談室を知り、定期的に相談して下さるようになりました。Bさんとの出会いがきっかけで調べてみると、癌患者において二〇～四〇％の方がうつ病を併病することや、うつ病の発生率が一般と比較して二倍以上になることが報告されています。食欲不振・不眠・倦怠感など診断基準はさまざまではあるが、Bさんのように不安で落ち込むことはむしろ通常の反応なのです。そのことをBさん自身に伝え、今の生活に適応できるよう一緒に考える相談相手でありたいと思っています。

在宅療養では、患者のみならず家族の精神状態もとても不安定になりやすいのが現状です。予期悲嘆や、介護者としての自責の念、喪失感の継続、患者の死後に希死念慮をもつ方もおります。ストレスを感じることや、さまざまな精神症状が現れることは特別なことではなく、精神症状の現れは私たちが思っている以上にずっと身近であり、誰にでも起こりえることなのです。

別のケースでは、患者と同居のお子さんには知的障害があったが、家族は認めず、義務教育後は引き籠《こ》もり社会から閉ざされた生活を送っていることがわかり、結果的に遺族となるお子さんの将来的な支援も含めたサポートをチームで検討していきました。精神疾患がある方への理解を深めるためにはどうしたらよいのか、精神保健福祉士に興味をもち始め、学ぶことで自分のソーシャルワークがどのように変わることができるのかと考え始めたのは、このような経験の積み重ねであり、私にとっては自然な経過だったように思います。

4　二度目の挑戦

「好機逸すべからず」、迷うくらいなら先ず行動するがモットーの私です。学びたい気持ちが芽生えてからの行動は我ながら迅速でした。かつて社会福祉士を志した母校である日本福祉大学から入学願書等を早速取り寄せた結果、医療機関一二日間と施設一六日間の現場実習が必須であることがわかりました。その間職場を空けることが果たして可能なのか不安でありましたが、有り難いことに快諾していただくことができました。最後まで悩んだのは仕事と家庭だけでも普段から目一杯の生活に、学業が加わることで家族に迷惑をかけてしまうだろうなという想いでした。夫と子供には挑戦したい気持ちを率直に話し、最終的には背中を押してもらう結果となったことを感謝しています。

このようにして、通信教育課程の入学許可を経て、精神保健福祉士への学びの扉を開くことになりました。社会人学生として二度目の挑戦となりました。

5　経験を横に置けなかった実習

再び学生として新しいことを学べる喜びも束の間、現実は想像以上に多忙でした。在籍中の二年間は常にレポートの締め切りに追われ、国家試験の対策が本格化してからは仕事家事を終えて受験勉強に励み、常に寝不足が一番の敵でした。無我夢中で過ごした学生生活でしたが、そのなかでも実習期間については さまざまな思いが鮮明に巡るほど懸命な時間を過ごさせてもらいました。

正直なところ、実習に臨む前の私は「実習が免除できたら良かったのに」という気持ちが前面にありました。医療ソーシャルワーカーとしての自分に対して過大な奢《おご》りもあったのかも知れませんが、半面自分なりに積み重ねてきたソーシャルワークが否定されるのではないか、という自信のなさが故の怖さも感じていました。そんな中途半端な心持ちでしたが、結果的に実習では生涯の財産となる経験を得ることができたと自負しています。

実習開始後、利用者との時間を重ねる毎に自分の思考に違和感を覚えるようになっていきました。その理由は私の根底にあった、「疾患のある方」という思いが拭えていかなかったからです。苦痛を取り除くためにはどのような支援ができるのかという押しつけがましい自分の考え方に気づくことができたのは、やはり直接的なかかわりのなかで、相手の魅力やストレングスに気づき、取り巻く環境に心を揺さぶられるようになったからでしょう。かかわらせていただいた方々を「生活者として、個の存在としてもっと理解したい」と心から感じた時に、「医療は生活のなかの一場面に過ぎないのだ」という凝り固まった概念が剥がれることができたように思います。それまでの間、自分自身の偏った思考や価値観が露出されたことに戸惑いながらも、本当に大切なことが見えていなかった自分を痛感し目の覚める思いでした。

いかに自分を理解していなかったかという気づきと、自己覚知に向かう過程は容易ではなく、むしろ苦しくもあり、実習指導者や巡回指導員の先生に思い丈《たけ》を吐露しては、返していただく言葉にハッとする瞬間の繰り返しでした。自分なりに見出した答えが正しいのかはわかりませんが、少なくとも精神保健福祉士を志す者として真摯な気持ちでスタートラインに立つことができたのは、実習経験ができたからだと思っています。

しかし、医療ソーシャルワーカーとしての経験を横に置けず、真っ直ぐな目で実習に向き合えなかった時間は決して無駄ではありませんでした。実習を経験できたことで改めて、「人と人とのかかわりがソーシャルワークの原点であること」を心から感じ知ることができ、「個人としての尊厳を尊ぶ」、「人と環境を捉える視点」を深く理解させてもらうことができたように思います。実習で関わったすべての方々に感謝しきれないこの気持ちを、いつか精神保健福祉士として恩返しできたらと思っております。

6　学びに貪欲であれ

その後、精神保健福祉士、そして公認心理師も無事合格することができ、新たな気持ちで職場に戻りました。現在は医療福祉相談室の業務の他に、精神保健福祉士として精神科訪問看護、心理職としても少しずつ活動しています。

精神保健福祉士をめざしたいと決意してからの、多くの方々の影響を受けて、迷いながらも心地良い時間をもつことができました。資格取得できた結果はもちろん大切なことでありますが、学ぶ過程で変わりゆく、または変わらない自分自身を丁寧に追うことができたことが、社会人学生としての経験を活かせた醍醐味だったと思います。

今の私にとってソーシャルワーカーとして大切なことは、いかに相手の人生を追体験できる存在となれるかどうかだと思っています。そして日々の想像をもって、人と社会が創造できる柔軟な発想をもち合わせた社会資源の一つとなれる存在でありたいです。そのためには自分自身も豊かであることを忘れず、これからも学びに貪欲な人生を歩み続けていきたいです。

高齢者福祉分野にいた私がさらにソーシャルワークを学ぶ意味

黒岩　幸子（相模原ななほし）

1　本当に就きたい仕事

私の社会人としてのスタートは、バブル真っ盛りの一九八〇年代後半、神奈川県座間市にある特別養護老人ホームでした。世間の盛り上がりとは少し縁遠い世界で介護職員として勤務することになった私は、勤務を始めて三年が経過した時、毎日ただ同じようにお年寄りのお世話を望むとも望まぬともいわれぬまま続けていることにぼんやりと行き詰まりを感じていました。

いわゆる「集団ケア」が主流の時代で速さと仕事量をこなすことのみが評価されることもあり、余暇の楽しみや個別性を考えた取り組みへの理解は得難く、「遊んでいる」「仕事がわかっていない」という判断をされてしまうことが多かったと記憶しています。

なんとなく違和感を抱いたことや、同年齢の同僚も多く学校の延長線上にいるような感覚があり、このままでは、自分が成長できないと考えるようになり、四年と三ヵ月で退職し、一般企業に就職をしました。

しかし、一般企業に事務職として就職し、日々パソコンや帳簿と向かい合うなかで「やはり福祉の仕事に戻りたい」という思いが強くなり、自分が本当にやりたい仕事というものを考えるようになりました。

最初に勤めた特別養護老人ホームで自分に足りなかったことは何か、本当は介護という仕事もわからずに働いていたこと、高齢者の前にいても高齢者と向かい合えていなかったのではないかと思い、介護現場に戻りながら「相談支援」の仕事に就きたいと考えるようになりました。

2　ソーシャルワーカーとしての目覚め

再び介護の仕事に戻ってまもなく介護保険制度がスタートしたことで介護支援専門員の資格を取得し、介護老人保健施設での仕事を経て神奈川県厚木市にある特別養護老人ホームで施設系の介護支援専門員、介護職員の教育指導、施設五事業の管理、運営を行うようになりました。

そのなかで高齢者の方だけではなく、そのご家族や施設職員のなかにもコミュニケーションが苦手で人間関係に問題を抱えながら、生きづらさを感じている方々と出逢いました。

これまでは、経験とそのなかで得た知識で乗り越えられると信じ、相談業務は充分に対応できると頑なに信じようとしていたのですが、八〇五〇問題にも本格的に触れることとなり、介護の知識や経験だけではどうにもならないのではないかと気づき始めました。

時を同じくして従姉妹の一人が統合失調症と診断され社会生活が難しくなり入退院を繰り返すように

なったこと、さらにもう一人の従姉妹が統合失調症だと思われる症状に悩みマンションの高層階から身を投げ自死するということがありました。

「何ができたわけでもないが、何をしていたのか」という思いと、専門職として「わからないことはあるが、わからないという課題に目を背け続けていていいのか」という思いが、かつて福祉の世界に戻る際の「相談支援の仕事をめざしたい」という思いを呼び覚ましました。

また、身近な家族もアルコールの問題や発達障害を抱え、ただただ苦労をしたことを思い出し、「知らなかった」ことで得た不利益を振り返ると「無知であることは不幸なこと」なのかもしれない、無知と戦うことこそが相談支援の専門職ではないかという考えに至り、さらにソーシャルワークを学ぶ決意をしました。

3　学びによって得られるもの

学びのなかで得たものは新たな知識の修得だけではありませんでした。それは、手探りで進めてきたことなども含め、これまでの実践が間違いではなかったと論理的に証明でき、劣等感だらけの自分に少しだけ自信がもてたことです。そしてその自信は、さらなる学びの楽しさを生み出しました。

そして、学びを進めるのと同じタイミングで高齢者福祉分野の仕事では、高齢の親に支援が必要となり訪問を行ったところ、長く家のなかから出たことのない六〇代前半の息子や娘への対応が必要となるケースが増え始めていました。

「専門外だからわからない」そういう声を聞くこともありました。

「わからない」これを具体的にすること。それは、状況と課題を分けて整理すること。精神保健福祉士の学びのなかで癖になるほど取り組んだことです。このことを知っているだけでも強みであると実感する場面に多く遭遇し、紐解《ひもと》くことで道が開けることがありました。

「保健福祉事務所には行ったが無駄足だった」と話されたケースでは、もう一度お話を伺い、内容を整理すると相談の仕方というか、困っていることの伝え方がわからなかっただけでした。子どもの支援が一つ前に進むと、親である高齢者も自分の支援を受け入れてくれたという経験もしました。

もちろん、簡単なことばかりではありません。しかし、高齢者福祉分野の支援者も障害者福祉分野の支援者も自身の対象者のみを考えていては支援が先に進まないことがあります。

目の前のクライエントに家族がいれば、自分がどういう状態にあっても家族に対しての思いがあります。これまで以上に、本人だけでなく家庭を見ることも求められ、だからこそその高齢者・障害者福祉分野の連携が大切であると実感しています。

4　温度差という、もう一つの課題

そして、実感しているからこそ、もう一つの課題に気づきます。それは、せっかく連携できたのに双方に不満の種が生まれてしまうことです。しかし、それも「なぜ？」を考えていくと理解ができます。

高齢者福祉分野の支援者側は、障害者福祉分野の支援者の方が思うように反応してくれないと感じることがあります。反対に障害者分野の支援者側は、「この一歩が、なぜ待てない」。高齢の方々は急がせすぎると感じることがあるとお聞きします。高齢者福祉分野に身を置きながら、ソーシャルワークを学ぶ意味はここにもあると感じています。

高齢者福祉分野にいて精神保健福祉士を取得する学びのなかでその支援を学びます。「積極的に待つ」という姿勢、本人のストレングスを考え、その一歩を大切にすることや「自分で決める」ということのもつ力を目の前にする機会を得ることができます。だからこそ焦りたくない障害者福祉分野の方々がいるのです。

一方で高齢者、特に支援が必要となった高齢者のなかには時間のない方が多くおられます。今日明日にも介護保険サービスに入れないと命を落としかねないのです。実際に明日からサービス提供が決まったところで旅立たれるということがあります。ですから、高齢者福祉分野の支援者は急ぎます。

ここには温度差が生まれて当然なのです。

しかし、学びを得たからこそ、この「温度差」に挑戦できるのではないでしょうか。私は、この調整役としても地域包括支援センターには双方の支援を知る精神保健福祉士の配置が必要であると考えています。

複雑な課題の整理や当事者のストレングスを引き出すことなどその役割が最も活かされるのが八〇五〇問題のような重複した課題をもっているケースです。だからこそ、高齢者福祉分野と障害者福祉分野の連携が重要であり、この連携の在り方も含めての現在の八〇五〇問題であり、これは、私たち精神保健福祉士に課せられた地域支援の課題であると思います。課題があるからこそ、そこに精神保健福祉士の活躍の場が広がるのだと思うと、楽しくなります。

5　再び無知への挑戦

さて、これからの私ですが、これまでの地域包括支援センター―など高齢者福祉分野での経験を踏まえて、高齢者の支援を熟知する障害分野の支援者になるという目標を掲げ、二〇一九年より、これまでの法人を飛び出し、神奈川県下で最も大きな社会福祉法人へ移りました。そこで、特定相談支援事業所と就労継続支援B型事業所を立ち上げました。新たな挑戦課題を前に、さらに自分の無知に挑みながら高齢者福祉分野での経験を活かしつつ、オールマイティな相談支援とクリエイティブな就労継続支援B型をめざし、一歩一歩を大切にしながら歩みを進めて行きたいと思います。

PSWからのメッセージ⑧

これから精神保健福祉士をめざす社会人の皆様へ

ハイさーい、今私は沖縄県の北部に位置する、自然豊かな場所、通称ヤンバルで知られている地域におります。そこで精神科病院（一〇年）含め、かれこれ三〇年間精神障害者の方々にかかわる仕事をしています。

今回は、これまでの実践を振りかえり印象深いエピソードをお伝えします。そしてそれが、これから精神保健福祉士をめざす皆様へのエールとなれば幸いです。

ある夏の日、一人の女性が早朝から病院の待合室に横たわっていました。「今日は早いですね」と声をかけると、「眠れなかったさー」と怒鳴る。私は水を用意し、ご本人の頓服《とんぷく》薬を飲むよう促しました。その際は何事もなくこちらの提案に応じてくれました。しかし後日、「あの時、私の話も聞かず、薬を勧めやがって、親に借金のことで咎《とが》められて苦しかったのに、その話をしたかったのに、話も聞かないで先に薬を勧めるなんてありえない」と。

衝撃でした。いつの間にか私自身のなかで、その人の言動をすべて病気と関連付け、薬を飲むことですべて解決し、それで生活もすべて良くなるのではないかという幻想に捉われていたこと、また、今起こっている言動はご本人の生活、その環境に大きく起因していること、さらには、その人の生活や生きづらさに寄り添うことや、その人自身に丁寧に向き合うことなどをおろそかにしていたことに気づかされました。その方に私たちのやるべきことはなんなのかということを学んだような気がします。失敗も糧とし経験を積み重ねながら今の自分があるのだなと実感すると共に本職の奥深さを感じております。それが同時に魅力といってもいいのではないでしょうか。

安村　勤（地域生活支援センター：沖縄）

精神・発達障害のある人
⑥

自分を信じ、共に希望を信じて

私は長年、慢性疼痛《とうつう》に悩まされてきました。その日も歩けない程の足の痛みで、支援者さんに「足が痛いです。」と伝えました。すると、いつもなら「どうしたの?」と聞いてくれていたのですが、その日は、なんともいえない表情で「そうじゃなくて、ね」と笑っていました。「本当は、わかるけど、今日はがんばってみよう」というのです。
固まってしまった私に、「症状で訴えるのではなく、これから社会に出ていった時、いろんな人に助けを借りられるように、どうしてほしいか、言葉で伝えてみてほしい。あなたには、それができると思うから」と説明してくれました。その頃、失敗続きで困り果て、不安でたまらなかったので助けてほしかったのですが、どうしても「助けてほしい、相談にのってほしい」という言葉が発せられませんでした。支援者さんは「がんばれ」「意地悪してるみたいでごめんね」と励ましながら、言葉にできるまで待っていてくれました。やっとの思いで相談にのってほしいことを伝え、不安な気持ちを吐き出せたのです。すると、足の痛みがひいていたのです。そういうことを繰り返しそれを観察することによって、私の痛みの仕組みを理解できるようになりました。症状は悪者とせず、そこから発せられるメッセージを受けとめて、いろいろ工夫できるようになっていきました。自分の力を信じ、自分を守ること、自分を大切にする力、感覚を育ててくれました。そのうち、私もこんな支援ができるようになりたいと強く思うようになり、今に至っています。自分で自分を守れる力を育てるような支援を受けられたという大きな財産があること、そして症状がありながらも、なんとか工夫しながら、自分のやりたいことをできるまでになった経験を活かし、私なりの働き方を模索していきたい。

池田　直子（就労継続支援B型事業所「かかぽ」ピアスタッフ：愛知）

精神・発達障害のある人の家族⑥

発達障害がある子の母になって

わが家の息子は、小学生のときにＡＤＨＤと広汎性発達障害と診断されました。ＡＤＨＤは重度で物忘れとなくし物が頻繁にあります。わが子に発達障害がある⁉ 診断を受けなきゃ！ と思ったきっかけは、教育相談所の相談職員さんの勧めがあったからでした。

私はわが子の心の発達が遅いことに気づいていても「発達障害」をなかなか受け入れられず検査をすることも避けていました。そんな私にカウンセリングで子育ての悩みや相談にのってくれていた職員さんが「心配があるのなら一度診断してみて、結果についてはその後で考えるようにしたらどうでしょう」と背中を押してくださいました、息子が小学校三年生のときでした。

あのとき診断を勧めてくれなかったら、もしかしたら息子は思春期、反抗期に突入して発達障害がある子の特性やかかわり方もわからなくて、イライラする子どもに手を焼いて一人悩んでいたかもしれません。ダメな母に診断を受ける勇気をくれたことや「お母さんは子育て頑張ってきたんですね」と励ましてくれたのでした。

学校で周りの子とうまくいかないときに、月に二回教育相談所に行くことを息子も楽しみにしていました。自由に自分らしく遊ぶことを受け入れてくれる唯一の場所だったからです。あのとき支援していただいたおかげで親子で発達障害に親子で向き合いました。

つらいときに一筋の光を見せてくれて優しさを教えてくれた職員の皆様に感謝を申し上げます。

かなしろにゃんこ。（マンガ家／イラストレーター：千葉）

あとがき

私は日本福祉大学福祉経営学部という通信教育を教育手段とする学部に所属し精神保健福祉士の養成を担当しています。毎年、多くの方が社会人経験をもちながら、精神保健福祉士の資格取得をめざそうと入学されます。精神障害者の力になりたい、困っている生活課題を解決してあげたい、自分自身がメンタルヘルスの課題を抱えていたり、家族や親しい友人がメンタルヘルスの問題を抱えていたりして、その経験から、何かできることはないかということを探していきたい、という思いを多く語ってくださいます。私はそのような志をもっている方の熱い思いを大切にし、そして、お仕事をしながら、ご家庭のことがありながら、また仕事を退職して退路を断ってこの分野に飛び込んでくることにとてもうれしく思い、そして私たち精神保健福祉士とともに活動してくださる人を増やしていきたいと思っています。きっと本書を手に取ってくださっている方々もそのような思いでしょう。ソーシャルワークというとても素晴らしい活動がこのような形で広がっていくことがうれしいです。

多くの方が、そのような思いをもってきてくださるなかで、あえて私はこの「おわりに」で対人支援とは何か、社会変革とは何かという、ある意味「ソーシャルワークの厳しさ」について述べていきたいと思います。精神保健福祉士は、精神障害をもつ人たちやその家族、そしてその関係者、地域の人たちとかかわりながら、その人がより良く生きていくために、自分らしい人生を獲得していくプロセスを歩んでいくためにかかわっていきます。そのかかわりは、どこまで行ってもその人の主体性を尊重し、その人が主体的に決定できるようにすることが必要です。その主体性を尊重するということはどういうことか、これが実践のなかでとても難しいと思っています。

誰かの力になりたいという思いと「無力さ」

私たちは人にかかわるということでその人の変化を期待します。よくなってもらいたい、元気になってもらいたい、解決してもらいたい、という思いのもと、精神保健福祉士はその人の変化を促すためにさまざまな技法や知識を駆使してその人とかかわるのです。しかしそれが時に、その人の意思に反したり、その人のペースを乱したり、その人のためになっていなかったりすることがあります。精神保健福祉士はそのようなことに敏感でなければなりません。しかし、その人の主体性を尊重することと、その人の変化を促すことのはざまで迷い、悩み、揺らぎます。こうすればもっとうまくいくのに、この制度を使えばもっと生活が楽になるのに、ということは専門職であれば描きやすく、ついついそのことを押しつけてしまうことがあります。また、精神障害をもつ人は大変な人、かわいそうな人、こちらがサポートしてあげないといけない人、という誤った支援観に基づくかかわりは、その人に対して保護的にかかわることになり、精神保健福祉士の主導的なかかわりになってしまいがちです。金銭管理や服薬管理に代表されるような「管理すること」は必要性がある反面、行き過ぎた管理はこちらの枠組みのなかでその人を生活させてしまうという、コントロール的なかかわりになってしまいます。対人支援はそのような危険性をはらんだかかわりといえます。このようなかかわりをパターナリズムといい、精神保健福祉士はパターナリズムに陥らないよう意識しておかなければなりません。

そのためにも、自分自身がどのような価値観をもっているのか、どのような支援観や対象者に対する感覚をもっているのかということを振り返り、意識化しておくことが求められます。自分の経験から得られた物差しや、自分自身の価値観で気づかないうちに判断し、精神保健福祉士としての判断ではなくなってしまうことがあります。自分自身がどのような思考の傾向をもっているのか、どのような価値観をもっているのかを知るために自分と向き合うことを自己覚知といいますが、そのような姿勢が精神保健福祉士には求められます。

私たちは、人を変えることに対して実は無力なのです。人を変えようとしても、「精神保健福祉士がその人を変えてあげる」のではなく、「その人が変わる」ことを常に意識しておかなければなりません。それは「どうせ私たちは無力だ（役に立たない）」というあきらめとは違う感覚です。私たちはその人を変えることはできないが、その人が変わっていこうとするプロセスにかかわることができる、ということです。その際に必要なかかわりや知識や情報の提供はできますから、私たち精神保健福祉士は決して無能ではないのです。この「無力」と「無能ではない」という関係性を実践に落とし込めたとき、精神保健福祉士はその人を変えなければ、回復させなければという「とらわれ」から解放されていくのです。あくまで「その人の課題はその人のもの」という感覚を大切にしながら、でもそのことに一緒に取り組むことをあきらめないことが精神保健福祉士の姿勢といえるでしょう。

知識・技術を獲得することが専門職なのか

精神保健福祉士をめざす人たちとのかかわりのなかでよく聞くのが、「精神障害者への対応の仕方を学びたい」ということです。いわんとすることは理解しますが、私はいつも疑問に思います。「精神障害者との特有のかかわり方ってあるのだろうか」と。

障害特性を理解することや疾患を理解すること、その特性を意識したうえでかかわることは大切ですが、そのことは「対応の仕方」というマニュアル的なものではありません。精神保健福祉士をめざす方が興味・関心をもっている部分が、ソーシャルワークの知識と技術であろうと思います。精神保健福祉士として、精神障害者に対する支援の知識や効果的な面接技法やグループワークの技法などの技術を取得したい、という思いで資格取得をめざす方も多いことでしょう。確かに、そのようなテクニカルな部分を取得することはソーシャルワーク専門職として重要です。しかしそのテクニックをソーシャルワークとしてどう生かしていくかというときに、単なるテクニックの取得にとどまっていると、小手先でのかかわりになってしまう懸念がおおいにあります。ですから、知識と技術はそれだけが独り歩きすることの危うさを十分に知っておかなければならないのです。あくまで、知識や技術の活用は、ソーシャルワークの価値に基づき意味づけされた実践でなければなりません。そのことは私たちの取り組みを、なぜそのように判断したのか、そのように取り組んだのかということをクライエントや家族、地域の方、関係機関の方などに説明するためにも重要なことです。それを説明責任（アカウンタビリティ）と呼びます。専門的な取り組みというのは、専門職がもつ価値に基づくということを今一度確認しておきましょう。

対人支援にとどまらず社会変革をめざす

精神保健福祉士は、これからどのような方向に向かっていくのでしょう。精神障害をもつ人の地域移行や地域生活支援が主流となってくるときに、そこにはさまざまな専門職が登場します。医師、看護師、保健師、作業療法士も地域生活の重要性とそこにかかわる専門性を発揮してきます。そのような専門職種と連携しながら、精神保健福祉士はどのような色を出していくことが必要なのでしょう。

昨今の精神保健福祉士を取り巻く情勢は変化し、ニーズとサービス・資源を結びつけるサービスの提供者や仲介者の色が濃くなってきました。精神保健福祉士は社会資源に詳しい専門家として見られ、サービスを結びつけることを主目的とし、精神障害をもつ人のニーズを充足させるための社会資源活用という手段的な側面にとらわれてきています。介護保険や障害福祉サービス、診療報酬制度により、使えるサービスの量や利用期限が定められていたり、ニーズとサービスを結びつけていくことによる成果に対して対価が得られる制度体系になっていたりすることにより、精神保健福祉士の実践は「成果を出すこと」に目が行き過ぎている傾向があります。制度を使おうとしていることが逆に制度に使われているような現状がソーシャルワークの現場にあり、ソーシャルワークの疲弊と、そもそもそれはソーシャルワークなのか、という不全感へとつながっていると考えます。

私たち精神保健福祉士はソーシャルワーク専門職としてこれからどこに向かっていけばよいかということを考えたときに、ミクロ的な視点のかかわりにとどまらず、私たちはソーシャルな視点をより強くもたなければならないと思います。そこに活路を見出すべきであろうと思います。サービスの提供者や仲介者から、サービスを生み出していく専門職であること、そのためには精神障害をもつ人たちとのかかわりから、ニーズを理解し、そのニーズの背景をその人を取り巻く環境や社会からきちんとアセスメントしていく力が求められます。そのときに、その人の変化を促すのみにとどまらず、その人の環境、さらには社会変革をめざしていく実践に取り組んでいかなければならないのです。

最後に私の実践経験をお話ししておきたいと思います。私は、精神保健福祉士としてアルコールや薬物の依存症の方々やその家族の人たちとかかわってきました。特にアルコール依存症の方々とかかわるなかでその人の飲酒行動にどのような意味があるのかということに興味を抱きました。それまでは、その人の酒をやめさせることに必死になっていましたが、そこに対しては無力であることに気づいたのです。その人の酒をやめさせることよりも、その人がなぜ酒を飲むのかということに迫り、その行動の必要性を理解し、その人と共有することが大切であると気づいたのです。そうしたときに、ある人は、会社のなかでとても厳しいノルマを課せられており、とても大きなプレッシャーのなかで、何とかアルコールを使用しながらそれを乗り越えようとしていました。またある人は、夫婦や子育てのことに悩み、自分自身の家庭での役割をこなすために、勢いづける手段としてアルコールを使っていました。また、ある人は、子どものころに受けた壮絶な被虐待体験をもとにした生きづらさを緩和するために薬物を使っていたのです。その人たちの行動の背景に近づき、その意味を知ろうとしたときに、たとえそれが不健全といわれる行動であっても、その人が社会のなかで何とか生き永らえていこうとする手段であるということがわかってきたのです。そしてその生きづらさを生み出す社会やその人を取り巻く関係性への理解とアプローチが必要であるという思いを強くもちました。私も実践を積み重ねていくなかで、目の前にいる人に対する支援から、視点を構造的にもつということを体験的に獲得していったように思います。

アルコール依存症や薬物依存症はまだまだ誤解の多い疾患です。それは世間一般にとどまらず、実は精神保健医療福祉の分野にいる専門職でさえそうなのです。忌避感情といい、「アルコールや薬物は自分たちのかかわる問題ではない」といい、「うちの病院は専門ではないから」と受診や相談にすらたどり着くことができない状況がまだまだ多くあります。しかし、対象がアルコール依存症であれ薬物依存症であれ統合失調症であれ、実は私たちがやることは変わらないのです。まだまだ病気と向き合えないなかでの苦労やつらさを共有し、適切な治療や支援へつながるような橋渡しをし、家族関係を調整したり家族への支援をしたり、地域への理解を深めるような活動をしたり、ネットワークでその人を支えていけるような仕組みを作っていくというのは、対象がどうであれ、取り組むことは同じと考えます。

アルコール依存症は嫌だ、薬物依存症は難しいからできない、統合失調症だからできない、ではないのです。特別なことをするのではなく、ソーシャルワークが必要な人たちにソーシャルワークが提供できる姿勢、そしてソーシャルワークが「出会ってしまった責任」を果たさなければなりません。対象選別をしない、機関の機能に縛られない、私たち精神保健福祉士がソーシャルワーク専門職としてなすべきことをしていきましょう。それは対人の支援にとどまらず、社会を変えていくこと、目の前にいる精神障害をもつ人、その家族、地域住民、そして生活者である私たちが、少しずつでも自分らしくいられる社会を構築していくための専門的な活動をしていくのが、ソーシャルワーク専門職としての精神保健福祉士の姿であると思います。そのような活動に取り組み、そしてそれを言語化し、社会のなかで共有していくこと、ソーシャルワークが市民の人生のさまざまな場面で出会えるような社会を作っていきたいと思います。
そのために、皆さんの力を貸してください。ただ、精神保健福祉士は決して簡単な仕事ではありません。私が先輩に言われた「ソーシャルワークは思想の労働だ」という言葉は今も重い言葉として私の心に刻まれています。わかった気にならない、知ったかぶりをせず、目の前にいる人の理解を深めていく、その人のことを完全にわかることはもちろん無理ですが、だからこそ、わかろうとしよう、そしてその人が生きている社会に思いを馳せ、社会の不公平さ、不平等さ、尊厳を損なう社会に敏感になり、そして今、自分がやっていることは「ソーシャルワークなのか」という問いを絶えずもち、目の前の人とこの社会を共に歩んでいくことが、ソーシャルワークです。そのような活動を本書を手に取ってくださった方と一緒に取り組めたら望外の喜びです。

本書は、日本福祉大学福祉経営学部（通信教育）の精神保健福祉士養成に携わる教員での企画であり、「はじめに」でも述べられているように改訂を重ねています。今回は今までの内容からさらにブラッシュアップし、精神保健福祉に興味をもっている方、精神保健福祉士をめざそうかと考えている方々が、「ソーシャルワークとは何か」ということに迫っていけるように企画しました。執筆陣の多くは、本学の精神保健福祉士養成に専任・非常勤の教員として、実習指導者として等、何らかのかかわりがある方ばかりです。さらには、日本福祉大学福祉経営学部で社会人経験をもちながら、仕事をしながらキャリアアップやキャリアチェンジに挑戦した卒業生の実践も読者のロールモデルとして掲載しました。多くの方が、現場のお仕事をもちながら、本書の意図を理解してくださり、快く執筆していただきました。感謝いたします。そして、共編者である青木聖久先生には、企画段階から刺激的な、示唆に富むご指摘をいただき感謝いたします。大学の先輩であり、ＰＳＷの先輩であり、教育・研究者の先輩でもある先生と一緒に取り組めたことをうれしく思います。

本書は、日本福祉大学福祉経営学部精神保健福祉士養成一三年の歴史のなかで行われてきた教育実践の一つの成果です。全国に一、〇〇〇人以上いる、本学養成課程卒業生、在学生とのかかわりが本書の基盤となっています。多くの仲間が全国にいることの心強さとともに感謝をお伝えしたいと思います。

最後に、学文社の田中千津子社長には、本書の企画意図をご理解くださり、改訂新版となる本書の作成にもご快諾いただき大変うれしく思います。ありがとうございます。

そして、本書を手に取ってくださった皆さんへ感謝します。ご一緒に取り組める日が来ることを楽しみにしています。

二〇二〇年二月
田中　和彦

そ

た

す

せ

き

く

け

こ

さ

し

索　引

執筆者（執筆順・＊は編者）

＊青木　聖久　日本福祉大学（第一・四－Ⅰ章）
＊田中　和彦　日本福祉大学（第二章）
牛場　裕治　総合心療センターひなが（第三－Ⅰ章）
知名　純子　まるいクリニック（第三－Ⅰ章）
北岡　祐子　（医）尚生会　（創）シー・エー・シー・兵庫県精神保健福祉士協会会長（第三－Ⅱ章）
堀尾志津香　ＮＰＯ法人ユートピア若宮　相談支援事業所りんく（第三－Ⅱ章）
松岡信一郎　和歌山市保健所（第三－Ⅱ章）
三品　竜浩　仙台保護観察所（第三－Ⅲ章）
金井　　緑　樹診療所かまりや（第三－Ⅲ章）
高橋　陽介　久里浜医療センター（第三－Ⅲ章）
高木　善史　日本福祉大学（第三－Ⅲ・四－Ⅲ章）
山田　妙韶　日本福祉大学（第四－Ⅱ章）
小沼　聖治　聖学院大学（第五－Ⅰ章）
洗　　成子　愛誠病院・日本精神保健福祉士協会副会長（第五－Ⅱ章）
田村　綾子　聖学院大学・日本精神保健福祉士協会副会長（第五－Ⅲ章）
寺島　　徹　ヘルスクリエイト（第六章）

林　　果奈　宮本病院（第六章）
市川　岳仁　三重ダルク（第六章）
赤岩　　綾　おふぃすあかいわ（第六章）
河野　裕子　医療法人　匠光会（第六章）
黒岩　幸子　相模原ななほし（第六章）

コラム
【PSWからのメッセージ】

望月　千春　東春病院：愛知
鈴木　　晃　サポートセンター西明石：兵庫
西念奈津江　岡部診療所：石川
高平　大悟　金沢保護観察所：石川
荒川　　豊　豊科病院：長野
渡辺由美子　市川市福祉部障がい者施設課身体障がい者福祉センター：千葉
河野　康政　明石市役所障害福祉課：兵庫
安村　　勤　地域生活支援センターウェーブ：沖縄

【精神・発達障害のある人】
宇田川　健　地域精神保健福祉機構・コンボ：千葉
矢部　滋也　北海道ピアサポート協会　多機能型事業所 PEER + design：北海道
林　藤孝　愛知県断酒連合会：愛知
笹森　理絵　発達障害の理解啓発に関する講師業：兵庫
柳　尚孝　森の木ファーム：兵庫
池田　直子　就労継続支援B型事業所「かかぽ」ピアスタッフ：愛知

【精神・発達障害のある人の家族】
岡田久実子　もくせい家族会・全国精神保健福祉会連合会副理事長：埼玉
木全　義治　ほっとクラブ・全国精神保健福祉会連合会副理事長：愛知
林　啓子　知多中部断酒会：愛知
本條　義和　しらさぎ家族会・全国精神保健福祉会連合会理事長：兵庫
倉町　公之　明星会家族会・大阪府精神障害者家族会連合会会長：大阪
かなしろにゃんこ。　マンガ家・イラストレーター：千葉

編著者紹介

青木　聖久（あおき　きよひさ）
精神保健福祉士／日本福祉大学教授（社会福祉学博士）
一九六五年、兵庫県淡路島で生まれる。一九八八年に日本福祉大学社会福祉学部を卒業後、PSWとして、岡山や神戸の精神科病院で約一四年間勤務。その後、兵庫県内の小規模作業所（現、地域活動支援センター）の所長として、四年間勤務。二〇〇六年より日本福祉大学へ赴任し、現在に至る。その傍ら、社会人学生として、二〇〇四年に京都府立大学大学院福祉社会学研究科修士課程修了、二〇一二年に龍谷大学大学院社会学研究科博士後期課程修了。
また、社会的活動として、全国精神保健福祉会連合会（家族会）理事、日本精神保健福祉学会理事を担っている。また、普及啓発を目的とした講演は、二〇二〇年二月現在、約八〇〇回を数える。
主な著書として、『精神障害者の生活支援』法律文化社（単著）二〇一三年、『第三版　精神保健福祉士の魅力と可能性』やどかり出版（単著）二〇一五年、『追体験　霧晴れる時』ペンコム（単著）二〇一九年等がある。

田中　和彦（たなか　かずひこ）
精神保健福祉士・社会福祉士／日本福祉大学准教授
一九七四年、長崎県松浦市で生まれる。一九九七年に日本福祉大学社会福祉学部を卒業後、PSWとして名古屋市にある精神科診療所に八年間勤務。二〇一五年、PSWとしての実践と並行して、日本福祉大学大学院社会福祉学研究科福祉マネジメント専攻修了。その後、愛知みずほ大学人間科学部専任講師、日本福祉大学助教、日本福祉大学中央福祉専門学校社会福祉士科夜間課程学科長、日本福祉大学助教を経て現職。また、ソーシャルワーク実践として、精神科診療所アルコール専門外来PSW（非常勤）としての実践も続けている。
社会活動として、一般社団法人日本アルコール関連問題ソーシャルワーカー協会副会長・理事、半田市障がい者自立支援協議会会長、豊田市社会福祉審議会障がい者専門分科会分科会長等。
主な著書に、『失敗ポイントから学ぶ　PSWのソーシャルワークアセスメントスキル』中央法規出版（共著）二〇一八年、『第六版　精神保健福祉に関する制度とサービス』中央法規出版（共著）二〇一八年、『実習生必携ソーシャルワーク実習ノート第二版』みらい（共著）二〇一五年、等がある。

現代版　社会人のための精神保健福祉士（ＰＳＷ）
―あなたがソーシャルワークを学ぶことへの誘《いざな》い―

二〇二〇年　三 月三〇日　第一版第一刷発行
二〇二〇年一二月二〇日　第一版第二刷発行

◎検印省略

編著者　青木聖久・田中和彦

発行所　株式会社　学文社
〒一五三-〇〇六四　東京都目黒区下目黒三-六-一
電　話　〇三（三七一五）一五〇一（代）
ＦＡＸ　〇三（三七一五）二〇一二
http://www.gakubunsha.com

発行者　田中　千津子

印刷所　新灯印刷株式会社

ISBN978-4-7620-2954-7